首都师范大学

成就辉煌

首都师范大学历届优秀教学成果集萃

首都师范大学教务处 编

社会科学文献出版社
SOCIAL SCIENCES ACADEMIC PRESS (CHINA)

目　录

"十一五"以来国家级、
北京市教学成果奖获奖成果简介

高等教育教学成果奖

● 2008 年北京市教育教学成果（高等教育）一等奖 ●

● 第七届北京市高等教育教学成果奖一等奖 ●

● 2008 年北京市教育教学成果（高等教育）二等奖 ●

基础教育教学成果奖

● 第四届北京市基础教育教学成果奖二等奖 ●

中等职业教育教学成果奖

● 第一届北京市中等职业教育教学成果奖二等奖 ●

前　言

　　辛勤耕耘即盼桃李满园；桃李不言亦可下自成蹊。一路走来，首都师范大学精益求精，诲人不倦。从 1989 年国家实施科教兴国战略设立国家级教学成果奖以来，我校经历了七届国家级高等教育教学成果奖、七届北京市高等教育教学成果奖、四届北京市基础教育教学成果奖、一届北京市中等职业教育教学成果奖。犹如一棵苗壮成长的大树，汇天地之灵韵，集日月之精华，在风雨洗礼中伸展虬枝，并且硕果累累。在以上各类奖项中，我校获得了 109 项成果奖。其中获得国家级高等教育教学成果奖 13 项、北京市高等教育教学成果奖 82 项、北京市基础教育教学成果奖 13 项、北京市中等职业教育教学成果奖 1 项。

　　综观全部获奖项目这幅辉煌画卷，上面书写着我校重视教学建设、教学改革、人才培养工作所取得的优秀成绩。这些获奖项目内容涵盖了理论创新与教学实践，专业内涵探索与课程教学改革，人才培养模式创新与学生能力培养，办学能力提升与社会服务功能等众多方面。它们展现了我校最有价值的、最能反映时代特征和创新思想的教育教学经验与成果，集中体现了我校在教学改革和人才培养体系完善方面的突出成绩，代表了我校在特定时期高等教育教学工作的最高水平。这些成果的取得是我校坚决执行党和国家教育政策，认真研究教育教学规律，不断深化教学管理改革，大胆创新、勇于改革的结果，是我校广大教职员工和教学管理人员艰苦努力获得的创造性劳动成果。

春华秋实，首都师范大学六十年的耕耘付出让我校人才培养工作取得了辉煌成绩。鉴往知来，为了更好地促进我校本科人才培养事业，从辉煌走向更辉煌，经过认真筹划和精心组织，教务处编写了本书。我们梳理了学校历史上获得的教育教学成果奖，供我校广大教师学习、借鉴。它必将对进一步深化教学改革、进一步提高我校人才培养质量、进一步提升我校服务社会经济的水平产生积极影响。

本书编写的教学成果奖获奖成果撷英和获奖成果简介，是在获奖项目的成果推荐材料的基础上整理汇编而成的。基于此，向所有成果完成人表示衷心的感谢。希望我们的汇编总结可以为学校的教育之路撷取闪亮的剪影，汇成一部辉煌不朽的诗篇。

教务处

2014 年 6 月 6 日

"十一五"前教学成果奖获奖成果撷英（1989~2005年）

　　高等教育国家级教学成果奖由国务院、教育部主办，是我国高等教育领域中唯一一项国家级奖励，是与国家科技三大奖同级别的国家级奖励，代表了我国高等教育教学工作的最高水平，已经成为高等教育战线的一个品牌。国家级教学成果奖从1989年创办至今，每4年评选一次，已经完成七届。北京市教育教学成果奖是北京市人民政府在教育领域设立的最高奖项之一，每4年评审一次，已经完成七届。开展教学成果奖励活动是对我国高等教育人才培养工作、教学建设和教学改革成果的检阅和展示。

　　长期以来，我校坚决执行党和国家的教育政策，认真研究教育教学规律，不断深化教学管理改革，大胆创新、勇于改革，致力于人才培养工作。自1989年设立成果奖后，我校越来越多的教师被充分调动起来，他们积极参与教学活动，努力开展教育教学研究和实践。理论和实践的结合衍生出许多丰硕成果，我校的教学模式、教学方法以及教学手段日益发生显著的变化，我校人才培养工作逐步步入良性循环的轨道，教学质量得到显著提高。1989~2005年，我校取得了51项教学成果奖，其中获得国家级高等教育教学成果奖7项、北京市高等教育教学成果奖44项。综合来看，这些获奖项目体现出以下特点。

聚焦课程建设　规范课堂教学

　　课程建设是学校最基本的、最经常的教学建设，课程建设质量如何，直接关系到人才培养的质量和学校的声誉。强调课程建设，是因为课程建设适应了高等教育深入发展的需要，适应了科学技术迅速发展的需要，也适应了加强本科教育、巩固和提高本科教育质量的需要。开展课程建设是对课程研究的一次广泛实践，课程建设理论应指导实践，并受实践的检验，在实践中得到发展。

1989 年北京市高等教育局优秀教学成果奖
——开设《当代世界政治经济与国际关系》新课的工作总结

（成果完成人：王朝文）

1989 年北京市高等教育局优秀教学成果奖
——英语泛读课教学改革体会

（成果第一完成人：刘北利）

　　20 世纪 80 年代，课程建设成为我国高校面临的新课题。1987 年 4 月，北京市十所高校就课程建设的目的和意义、内容与标准、实施办法与政策等六方面的问题进行了专题讨论，课程建设问题进入高教研究的视野，引起社会各界的广泛关注，理论的思考最终付诸教育实践。进入"八五"（1991~1995 年）时期，高

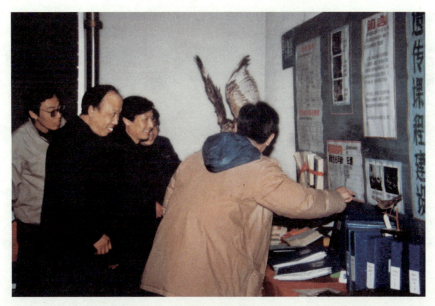

1989 年北京市高等教育局优秀教学成果奖——遗传学课程建设的总结

[成果第一完成人：张金栋（左二）]

校课程建设得到极大提升，成为高校基本建设的重要方面。各高校在理顺自然科学教育体系、德育教育课程体系、外语教育课程体系、计算机教育课程体系及实践教育课程体系的同时，将一部分学科主干课程纳入重点建设的课程规划，打造出一批质量较高的优秀课程。

面对课程建设这一重大课题，自 1986 年以来，我校有计划、有步骤地开展了课程

1993 年北京市高等教育优秀教学成果一等奖
——"汉字概论"课的计算机辅助教学

（成果第一完成人：刘庆俄）

1993 年北京市高等教育优秀教学成果一等奖
——资本论与国际性资本主义经济制度

（成果完成人：郭寿玉）

教学成果奖支撑材料

建设工作，重点建设单门主干课程，为推动教学质量的不断提高、促进我校教学管理的科学化起到了积极的作用。1989~1993 年，我校共获得 19 项教学成果奖，其中关于单门主干课程建设的项目高达 15 个，占总获奖项目数的 78.9%。例如，数学系田孝贵老师带领的代数教研室经过近十年的努力，对高师数学专业高等代数课进行了教改和课程建设，不仅对教学内容进行了革新，还编出了新教材，制定了《高等代数教学要求》《高等代数考题》等教学基本文件，完成了课程建设任务并通过了院、系两级的验收。生物系通过对遗传学课程的建设，丰富了教学内容，起到了开拓思路、深化对遗传基本理论的理解、拓宽遗传

1993 年北京市高等教育优秀教学成果
一等奖——坚持搞好课程建设，不断提高
数学管理水平

（成果第一完成人：沈孝本）

学知识面、培养学生自学能力并使之产生兴趣的作用；加强了基础教学，提高了遗传学的教学质量，教学效果良好。他们所编教材为同类院校提供了方便。为了从根本上改变汉字教学形式呆板、效率低下、枯燥乏味的落后状况，为了实现数学手段的现代化，提高数字质量，中文系刘庆俄老师从 1989 年开始对他所开设的"汉字概论"课进行改革，即在"汉字概论"课上开展计算机辅助教学。经过四年的实践应用证明，"汉字概论"课开展计算机辅助教学，可以有力地调动学生的学习积极性，大大提高教学效率，提高教学质量。植物生理学是生物系的一门专业基础课，

1993 年北京市高等教育优秀教学成果二等奖——植物生理学教学改革课程建设

（成果第一完成人：邱泽生）

1993 年北京市高等教育优秀教学成果二等奖
——文言教材难句研究课

（成果完成人：赵丕杰）

教学成果奖支撑材料

1993 年北京市高等教育优秀教学成果二等奖
——在高师化学系开展微型化学实验教学研究
（成果第一完成人：陈康叔）

砺剑十年，生物系在教学改革和课程建设上取得了可喜的成绩；在人才培养、教学内容和教学方法的改革、教学资料的积累等方面，都取得了一些成果。通过改革，植物生理学教学质量得到较大的提高，学生的实践能力、更新知识能力、分析问题解决问题的能力明显增强。

优化培养体系　提升教学质量

"九五"（1996~2000 年）期间，随着人们认识的提高和教学改革的深化，尤其是由原国家教委主持的"高等教育面向 21 世纪教学内容和课程体系改革"计划的正式启动，对高校课程建设提出了新的要求——课程建设必须由单门课程发展到系列课程，教学改革必须由局部发展到整体。这就形成了课程建设的新思路：系列建设，整体优化，与国际教育接轨。系列建设就

1997 年北京市高等教育教学成果二等奖——高师数学教育专业几何课程教学内容和体系改革的研究与实践
（成果第一完成人：郑崇友）

是要面向 21 世纪、面向世界、面向社会，从我国高等教育所培养的大学生应该具有的知识结构、能力结构和素质要求出发，认真研究，理顺纵向和横向（纵向指一个系列哪些模式，哪些层次；横向是指有哪些系列，哪些类型）两个方面的关系，形成一个结构合理、层次清晰的课程体系；然后集中力量，有计划、有步骤地对各个系列进行建设，以加强课程内容体系结构的科学性、系统性和综合性，达到加强联系、减少重复、压缩学时、增强效果、提高教学质量的目的；最终使课程系列达到整体优化，教学计划达到整体优化，教学活动达到整体优化。系列课程建设最重要的是解决系列课程之间的内容重复、前后衔接和专业课的内容更新等问题。例如，改革前，高等师范学校数学教育专业几何类课程的设置一般为四门课："解析几何""高等几何""微分几何"和"几何基础"，总学时约为 300 课时。这些课程由于各自注重完整性，自成体系，造成内容重复、浪费课时；另外，受总数学课时限制难以更新内容、拓宽知识面。学生在四年中虽然学习了不少几何知识，但他们对所学的知识缺乏统一的、系统的、整体的认识，从而限制了他们能力的提高。根据

2001 年国家级高等教育教学成果二等奖——高师中文系中国古代文学课程体系改革方案

（成果第一完成人：赵敏俐）

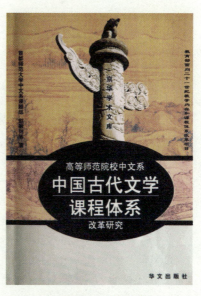

教学成果奖支撑材料

7

《中国教育改革和发展纲要》精神，为深化教学内容与课程体系的改革和提高教学质量，我校数学系进行了高师数学教育专业几何类课程教学内容和体系改革的研究与实践。他们根据三个基本认知层次选择几何学教育内容，以所选内容为材料构造几何课程体系，将原来的四门课程及"一般拓扑学"综合为一门几何课程，并编写出《几何学教程》教材。该教材强调几何课程的整体性与综合性的特点；注重以现代几何观点和方法改造传统几何内容，删去陈旧与重复内容，更新与拓宽几何知识面；体现高等师范教育特点，以高等几何的观点、原理和方法去认识、理解和解决中学数学问题，突出高等几何对中学教学的指导作用。本项目从1994年初开始以新编的《几何学教程》作为试用教材进行几何类课程的改革实践，收到了良好的教学效果，并达到了预期的教改目标。实践表明，由于学生对新教材的内容容易接受，概念引入、定理结论与几何背景密切结合，因而教与学两个方面都不觉枯燥，各次测验、考试成绩都非常不错；在教学过程中，由于注意将所学知识密切与中学教材、生活实践相结合，因而学生的学习积极性和主动性有了较大提高并收到了良好效果。又如，长期以来，在高师数学专业开设的高等数学与初等教学课程彼此严重脱节。高等数学课，大多不注意引导学生用所学高等数学去认识把握中学教学，而初等数学课又缺乏高等数学理论和观点的统率，大多就中学教学而

2001年北京市高等教育教学成果一等奖
——高师数学专业面向21世纪教学内容与课程体系的改革

（成果完成人：卢才辉　王智秋　郑崇友
李庆忠　焦宝聪）

论中学数学，以致许多学生常问，"学那么多高等数学对教中学数学有什么用？怎样去用？"问题的关键是，高等数学与初等数学之间究竟有哪些内在的具体的联系？怎样使高与初真正结合起来？为此，我校数学系对上述问题做了许多研究与实践，决定

2001 年北京市高等教育教学成果二等奖
——北京史教学体系的优化与教学方法的改革
（成果完成人：郗志群　宋卫忠　李维明　于丽萍）

创设"高初结合专题研究"这门课程。实践表明，这门课程的开设提高了高师学生的教学素质，活跃了学生研究高初结合问题的学术气氛，有不少学生写出了有一定质量的有关高初结合方面的毕业论文，同时对巩固学生的专业思想，努力使他们成为合格的中学数学教师起到了积极的作用。

升级教育技术　改革教学模式

20 世纪 90 年代，我国教育界全面贯彻执行《中国教育改革和发展纲要》，积极推进教育改革，为培养跨世纪人才，迎接 21 世纪的挑战，实现教育现代化而努力奋斗。教育发展的总趋向是：教育规模逐渐扩大，教育程度逐步提高，教育观念不断更新，强调素质教育，重视知识结构教学和能力培养，注重全面发展和个别化学习，提倡运用现代化教学手段，办学形式多样化，教育体制科学化，教育管理规范化。

随着现代科学技术迅速发展，风靡全球的多媒体技术将人类带入了一个五彩缤纷、绚丽多姿的信息世界。多媒体计算机以其综合处理文字、图

1997 年北京市高等教育教学成果一等奖
——多媒体技术在汉字教学中的初步应用

（第一完成人：刘庆俄）

形、图像、声音、动画等多种媒体信息的能力而将成为未来信息社会当之无愧的主角。多媒体技术在教育、教学中的应用是最有前途、最令人振奋的发展领域。利用多媒体技术所具有的高度集成性、良好的交互性、信息容量大、反馈及时等特点，将多种形式的教学信息同时或交替作用于学习者的感官，能够从根本上改变传统教学的种种弊端，使学习过程更加趣味化、人性化、自然化，有效地激发学习者的主动性和创造性，同时也能减轻教师备课、讲课、批改作业等工作的压力，把更多的精力和时间用于课程设计、个别指导或进修学习中，从而将因材施教的教学原则真正落到实处。因此，我们有理由相信，多媒体技术在教育、教学中的普及应用将对教育观念、教育体制、教学内容、教学方式方法、教学结构等诸方面产生深刻的影响，成为最具吸引力的现代化教学手段，同时也将是实现教育现代化的最佳途径。

首都师范大学紧跟时代科技脉搏，将多媒体技术应用于教学中。1997年，我校共获得 9 项教学成果奖，其中两项和多媒体技术有关。例如，在校领导的支持下，从 1993 年 7 月，我校中文系便开始了与中国教育电子公司联合研制《汉字天地》的工作。由于这是"八五"期间国家重点科技攻关项目之一，其重要性是不言而喻的。虽然当时他们对多媒体技术的了解还很一般，设备也较差，但经过大家的刻苦钻研，一个个技术问题先后被解决了，

《汉字天地》最终研制成功。《汉字天地》共包括四个软件：《汉字的产生和发展》《汉字的结构》《汉字形体的演变》《汉字的笔画和笔顺》。这些都是教学的重点和难点。讲这些知识必须引用大量出土文物的拓片和古文字的形体，这在传统的教学里只能举少量例证，不能充分讲解，现在利用多媒体技术，这个问题便迎刃而解了。在软件中，他们不仅引用了大量的出土文物的照片、古文字的拓片和历代著名书法家的作品，而且制作了大量能揭示字意的动画。怎样正确地书写汉字，本来是小学阶段应该解决的问题，但由于铅印教材很难逐笔分解汉字，致使汉字笔顺笔画的知识普及得不好，写字倒插笔的现象十分普遍。考虑到中文系学生将来要做语文教师，写字的不良习惯必须纠正，他们特意增加了汉字笔顺笔画的内容。由于多媒体软件可以通过动画把每个字的每一笔画逐点显示，生动地表现汉字的书写规则，因而收到了很好的效果。另外，他们利用计算机人机对话的功能，在《汉字的结构》《汉字形体的演变》《汉字的笔画和笔顺》里配制了大量的练习，可以让学生当堂巩固所学知识。《汉字天地》在修改过程中和完成后，在中文系选修课和成人教育必修课"汉字概论"上多次使用，每次都得到了同学们的热烈欢迎。同学们表示，原来这门艰深的学问还可以学得这样轻松。特别是计算机辅助教学的应用，更是给传统的教学方法注入了新的活力。又如，我校"用微格教学方法培训师范生教学技能的研究与实践"是

1997年北京市高等教育教学成果一等奖——用微格教学方法培训师范生教学技能的研究与实践

（成果完成人：郭　友　张景斌　王云峰　兰　维　苑凤仙）

从 1987 年开始的，逐步在全校本科生的培养中进行教学实践和推广，在校领导的支持和帮助下，1991 年成立了"校微格教学研究组"，并列为校级重点研究课题，1992 年 10 月被原北京市高教局确定为市重点建设学科，几年来不断得到巩固和发展。"微格教学"是以现代教学理论和现代教育技术为基础，通过缩减的教学实践，使师范生或在职教师掌握教学技能的一种系统的培训方法，是教育技术学和学科教育学的一个交叉学科领域。训练的内容是师范生课堂教学技能，如导入技能、讲解技能、提问技能、演示技能、结束技能等，让学生分别学习和实践。当这些技能被分别掌握以后，再把它们综合起来运用，形成整体的课堂教学能力。用微格教学方法训练师范生的教学技能，提高了他们的教学能力，使他们初登讲台就显得比较成熟，尤其在教学语言、教态、提问和媒体演示等方面有较大的提高。绝大多数实习学校反映，经过培训，学生的教学水平比过去的实习生有了很大的提高。

改革培养模式　创新培养机制

当人类社会站在 21 世纪的门槛之上时，知识经济正悄悄地向我们走来。面对即将到来的知识经济时代，人们正以极大的热情和丰富的想象力对此进行着种种前瞻，为知识经济的到来做好种种战略性准备。目前，人们已经清醒地看到，无论知识经济是以何种具体形态和何种"知识型产业"为支柱，都离不开教育的充分发展和提高。正是在这种背景下，中共中央、国务院做出了《深化教育改革　全面推进素质教育》的决定，其实质是要建设 21 世纪中国的高质量教育，以回应知识经济对我国教育提出的挑战。高等教育作为整个教育体系的最高层次，在知识经济时代，将成为"知识工厂"和"人才库"，是国家经济建设所需人才培养的主渠道，因此，提高人才培养质量成为高等教育的首要任务，而人才培养质量取决于科学合理的人才培养模式的构建。高校必须认清高等教育的发展趋势，以

2004 年北京市高等教育教学成果
一等奖——高等学校四结合心理
素质培养模式的研究与实践
　　（成果第一完成人：蔺桂瑞）

2004 年北京市高等教育教学
成果一等奖——建设教师发
展学校，促进教师教育一体
化研究
　　（成果第一完成人：宁　虹）

发展的眼光审视高校人才培养问题，重新定位人才培养的目标，探求人才
培养模式的改革与创新，培养出与社会发展相适应的人力资源，加快推进
社会主义现代化进程。

　　所谓人才培养模式，是指在一定教育思想和教育理论指导下，为实现培
养目标而采取的教育教学活动的组织样式和运行方式，具有计划性、系统
性、规范性的特点。面对新的时代、新的要求，我校积极响应，大力倡导人
才培养模式改革，并涌现出一批优秀教学成果。例如，"小学教育本科专业
人才培养模式的理论研究与实践探索""高等学校四结合心理素质培养模式
的研究与实践""网络环境下学习共同体培养模式的研究与应用""生物科学
与技术专业 2.5 + 1.5 人才培养模式的探索与实践"等。以"高等学校四结合
心理素质培养模式的研究与实践"为例，我校心理咨询中心从 1994 年开始

2004 年北京市高等教育教学成果二等奖
——"生物科学与技术"专业 2.5 + 1.5 人才培养模式的探索与实践

（成果第一完成人：何奕騉）

进行大学生心理素质教育，通过十年的探索形成了一套体系完善、效果明显的"四结合大学生"心理素质教育模式。"四结合"是：将心理素质课程的建设、心理咨询、校园心理素质教育环境的创建与大学生素质教育研究融为一体。我校心理素质教育，一开始就确定了我们的教育目标是以教育和发展为主，以增强全体学生的心理素质为主（不是以治疗少数学生的心理障碍为主，也不是单纯以预防为主）。心理素质教育的目标是：适应未来社会对人才素质的要求，提升全体学生的心理素质，帮助学生解决成长过程中遇到的各种心理问题，开发个体潜能，促进学生全面发展。以这一目标为指导，我校创建了"四结合"心理素质教育模式。这套工作模式，将各种有利于学生心理发展的教育因素整合在一起，不仅符合学生心理发展规律，适合于高等院校心理素质教育实践的要求，而且相比国外也具有本土化的价值。

探索网络教学 坚持内涵发展

进入 21 世纪以来，随着多媒体和网络等信息技术的日益普及，教学领域越来越多地运用信息技术作为教学的辅助手段。网络辅助教学是指将网络作为教学活动的辅助手段来完成教学过程的教学模式。网络辅助教学给教学工作者提供了更为丰富的教学方式、更为灵活的教学手段和更为广阔的教学空间。网络辅助教学与传统的计算机辅助教学存在一定的相似之处，但又与传统的计算机辅助教学有明显的不同点：网络辅助教学利用网络帮助或代替教师执行教学功能，通过网络将教师和学生联系在一起，有效地克服了传统的计算机辅助教学在教学内容和形式上的弊端。网络辅助教学也有别于网络教学，它强调网络仅是教学过程中的一种工具，对教学起到辅助的作用，这与通过互联网络所进行的远程教学有明显区别。作为课堂教学的一种补充形式，网络辅助教学具有信息量大、无时间限制、可多人共享等众多优点，因此在高校教学中具有重要的作用。在这样特定的时代转型期和教育变革期，我校改善网络教学环境、丰富网络教学资源的需求同样非常迫切，网络辅助教学在我校得到了前所未有的关注。我校于 2003 年初正式实施网络辅助教学项目，由于学校在教师培训、教学资源建设等方面的大力

2004 年北京市高等教育教学成果二等奖——网络环境下学习共同体培养模式的研究与应用

（成果完成人：王 陆 杨 卉
冯 红 艾 伦 董 乐）

2001 年北京市高等教育教学成果二等奖——计算机及网络学习支撑环境的研究与实践

（成果完成人：王 陆 董 乐 杨 卉
李亚文 冯 涛）

支持，截至 2005 年年底，我校实施网络辅助教学的课程已颇具规模，实现了网络辅助教学从教师自发进行到有组织的大规模实施的初步转变。与此同时，我校有关网络辅助教学的研究成果也陆续出炉。例如，我校教育技术系利用智能技术和网络技术优势，进行了一系列以学习者为中心的自主学习方式的教学改革。通过研究分析学习者心理因素对计算机及网络环境下学习的影响，得出适合于因材施教原则的教学系统模型，建立了适合于因材施教的个别化学习和协作化学习的网络学习支撑环境，即网络化虚拟学习社区，使用多媒体教学资源形象生动地表达教学内容，利用人工智能原理及先进的教育评价方法进行自动化学习评价。他们以教学难度较大的计算机硬件课程为例，建立实际的计算机网络教学和学习环境，从实验教学中总结经验，进行教学理论研究，并且得出对技术实现的具体要求，再根据技术发展水平及教学需要改进学习支撑环境。又如，当时，随着中国旅游业的发展，参加导游资格考试的人越来越多，而大部分要参加考试的人员需要参加导游员的培训，形形色色的导游资格考试培训越来越多，而这些基本上是需要在一个固定时间、在一个固定地点上课的传统模式下的培训；但是对于那些不能找到一个固定休息时间的人员，想要参加这种培训就是一件难事。如果能开办一个导游人员资格培训网上教学系统，那么就可以解决一部分人不能参加传统导游培训的问题——这一部分人可以自行安排时间上网学习。基于这种想法，依托我校网络教学平台，刘洪利老师运用他网站建设方面的知识，建立了一个《北京旅游》网上教学系统。

1989~2005 年，我校历经五届教学成果奖的洗礼，从建设单门主干课程到人才培养体系整体优化；从引入多媒体教育技术改革教学模式到创新人才培养模式提升人才培养效果，再到教育信息化的改革前沿，我们把思考的动力化为前行的步伐，紧紧围绕"人才培养"这个中心上下求索，步履坚定。每一项成果均凝聚了首都师范大学师生的心血，铸就成我们对人民教育的郑重承诺。著名诗人汪国真曾如此描摹自由驰骋的青葱岁月："我们从这里

起航 / 走向遥远的地方 / 当我们走向明天 / 又怎能把昨日遗忘。"蓦然回首，每一届教学成果奖的获得不仅是对我们过往工作成效的承认与肯定，也是我校鼓舞士气、鼓足干劲、加速发展建设的新起点。这些成长的日子都弥足珍贵，历久弥新。

岁月的积累让我们在实践的土壤里精心耕耘，待绿意成荫，待硕果飘香。首都

2004 年北京市高等教育教学成果二等奖
——《北京旅游》网络课堂

（成果第一完成人：刘洪利）

师范大学以每一届教学成果奖为契机，在巩固成果、弥补不足的基础上，进一步彰显优势特色，完善体系结构，提高教育质量，实现内涵发展，力争更好地为优秀人才的培养添砖加瓦、陈力就列，为北京地区经济社会发展建设做出更大贡献。让首都师范大学这棵茁壮生长的大树撑起一方更蔚蓝的天空。

"十一五"以来国家级、北京市教学成果奖获奖成果简介

高等教育教学成果奖

创设合作共同体，
构建实践取向的教师教育模式

刘新成　孟繁华　宁　虹　康丽颖　张景斌

一　成果主要内容

本项目打破了在大学课堂上进行教师教育的封闭模式，解决了教师教育内容"空、泛、旧"，实践性、专业性不强，教师教育理论和实践相脱节等长期困扰教师教育发展的关键问题，开创了大学与中小学合作培养师范生的教师教育新模式，倡导在中小学真实环境中实施教师教育，充分体现了教育现场的丰富性。

本成果突出的特点是打通大学和中小学围墙，以"开放、合作和实践——走进中小学教育现场"为核心理念，建设大学和中小学合作共同体，形成我校教师教育改革的主体框架和"中小学实践反哺大学教师教育"的运行机制，实现了理论和实践的"双向激活"，增强了教师教育的实践性和反思性。

本项目在合作共同体建设的框架下，研发了教师教育课程标准，实施了实践取向的教师教育课程改革方案。新的课程由三大板块32门课程组成，为师范生开发了丰富、鲜活的课程资源，开拓了专业成长的广阔空间。与项目实施前相比，师范生专业意识和教学能力显著增强，从"新手"到骨干教师的成长周期明显缩短。北京市基础教育界对我校师范毕业生的总体满意度从 2001 年的 0.72 上升到 2008 年的 0.91，师范毕业生得到用人单位的普遍好评。教育部重视本成果的推广，专门召开研讨会，产生了广泛的影响。

二　创新点

（1）理论创新。提出了以"开放、合作和实践——走进中小学教育现场"为核心理念的教师教育改革指导思想。变封闭为开放，在中小学真实环境中实施教师教育；通过共同体建设，实现大学和中小学的共同提升；充分反映教育现场实践的丰富性，使师范生在亲身经历的体验中，完成教师教育课程的学习。

（2）组织创新。创设合作共同体，构建了教师教育模式改革的"双通道"共同体运作平台。形成了"中小学实践反哺大学教师教育"的运行机制，实现了"职前－职后一体化"，有效提升了教师教育质量。

（3）课程创新。从教师专业领域维度和专业素养维度出发，设计了以提升教师专业素养为指向的课程标准，并据此进行课程改革，实现了课程结构、课程内容、课程实施方式和评

第六届高等教育国家级教学成果一等奖——创设合作共同体，构建实践取向的教师教育模式

（成果第一完成人：刘新成）

项目负责人向习近平同志汇报首都师范大学
师范生培养模式改革思路

价体制的创新。

（4）技术创新。以视频技术、网络技术为支撑，开发了"e-TDS"（网络教师发展学校）系统。该系统通过视频会议、专题论坛、网络共同体等多种形式，为教师教育提供了互动交流的网络平台。

三　应用情况

本成果突破了传统的教师教育模式，创造性地建构了大学与中小学合作培养师范生的教师教育新模式，打通了大学和中小学的围墙，实现了在合作共同体平台上理论和实践的"双向激活"，形成了大学教师、中小学教师和师范生相互促进、共同发展的长效机制，取得了显著的实际效果。

（1）理论建设产生了广泛的社会影响。本项目形成的教师教育和合作共同体建设的理论成果得到了国家教育部的重视，2003年，教育部在我校专门召开现场研讨会，推广经验，产生了广泛影响，得到了中小学教师和专家们的好评，新华社、《人民日报》等上百家媒体予以报道。近年来，本项目共发表学术论文 1112 篇；出版学术著作 60 余部；主办有重大影响的国际学术会议 5 次，国内学术会议 15 次。

（2）项目取得重要突破，获得多项奖励表彰。该成果分获北京市教学优秀成果（高等教育）一等奖 2 次，中国高校人文社会科学优秀成果一等奖 1 次，北京市哲学社会科学优秀成果一等奖 1 次；项目团队 10 位教师分获全国模范教师、北京市人民教师和北京市高校教学名师等荣誉称号。

（3）形成长效机制，受益面涵盖我校全部师范生。

（4）课程建设和教学改革效果显著。教师教育课程与教学质量全面提高，教学效果评估分数逐年上升。5 门课程被评为国家精品课程。

（5）师范生培养的质量全面提高。

（6）教师的成长周期明显缩短。用人单位普遍反映我校师范毕业生上手快，适应能力强。

（7）师范毕业生签约率保持较高态势。

（8）为基础教育均衡发展做出了重要贡献。

（9）师范毕业生工作表现良好。

（10）师范毕业生社会满意度大幅提高。

项目组合影

直面我国基础教育实践，推进小学教师教育的改革与发展

王万良　叶宝生　郜舒竹　高宝英　陈惠国

一　成果主要内容

（一）形成直面我国基础教育实践的小学教师教育基本理念

一是关于小学教师的特质：情感性和人文性，综合性和生活性，技能性和艺术化，研究反思能力，思维的半童性；二是小学教师教育特点：基础性，综合性，过程性，实践性，发展性。以上两点奠定了小学教师教育的理论基础，明确了小学教师教育实践的指导思想。

（二）构建以培养综合素质为主旨的本科小学教师培养体系

（1）确立了以"综合培养、发展专长、注重研究、全程实践"为特色的小学教育专业人才培养模式和课程方案，保证小学教师教育人才培养的质量。

（2）基于过程的小学教育专业学生的专业态度培养，通过全过程的养成教育保证小学教师基本专业情谊的形成。

（3）基于基础教育实践的实践教育体系，体现了小学教师教育的过程

性，保证了小学教师教育的实践性。

（三）确立了立足于基础教育实践、面向未来的小学教师教育发展方向

（1）努力为北京市小学教育与小学教师教育改革与发展提供智力支持与服务。

（2）着力打造一支具有小学教育专业特点的小学教师教育核心队伍。

（3）加强"初等教育学"学科建设，为小学教师教育发展提供坚实的基础。

（4）构建符合小学教师特质的课程实施体系和建设小学教师教育核心教材。

（5）加强学科建设、课程与教材建设，发展研究生教育，推动小学教师教育发展。

二　创新点

一是形成直面我国基础教育实践的小学教师教育基本理念——得出关于小学教师特质的结论和小学教师教育实践取向的理念。

二是构建具有学术性、基于实践取向、以培养综合性素质为主旨的小学

第六届高等教育国家级教学成果二等奖——直面我国
基础教育实践，推进小学教师教育的改革与发展

[成果第一完成人：王万良（正中）]

项目负责人开展实践活动

教师培养体系，包括构建适应基础教育改革与发展的完善的小学教育专业人才培养方案，以"综合培养、发展专长、注重研究、全程实践"为其特色；基于过程的小学教育专业学生的专业态度培养，以养成教育为其特点；根据小学教师专业发展的客观要求，以教育教学系列实践活动为主线、以课程教学实践为支撑、以综合实践活动为重要辅助，构建了小学教育专业实践教学体系，以理论与实践互动的动态循环为特点。

三是首创基于教育现场的小学教育服务促进体系，为小学教育与小学教师教育改革与发展提供智力支持与服务，探索出大学与区域合作推进教育事业发展的模式。

基于初等教育学的学科发展，融合上述诸方面的实践，推动小学教师教育的改革与发展。

三 应用情况

求真务实，实施小学教育专业人才培养方案和系列实践教育方案，使学生在理论素养、研究能力和教育实践能力等多方面达到基础教育课程改革背景下的教师专业化的要求，能够顺利走上工作岗位。

首都师范大学小学教师培养体系所培养的小学教育专业毕业生质量得到用人单位的一致好评，从 2003 年第一届毕业生到现在共有五届，每年的就业率均在 98.5% 以上。良好的就业，带来良好的生源，小学教育专业已形成招生、就业的良性循环。

每年，都有十几所国内高等院校的同行和若干国际小学教师教育单位到我院访问、考察。首都师范大学小学教师教育在全国小学教师教育领域，已经具有广泛的影响，就小学教育专业建设方面，在全国起到推动与引领作用。

初等教育学院在北京市顺义、密云、延庆、海淀、平谷等区县，承担了所有小学各学科教师及教学管理干部、班主任的深入教学现场培训工作和多所小学的学校文化建设工作，共建立了十余所"教师教育基地"，帮助、指导 6 所小学基地校完成学校建设丛书 6 本，达 120 多万字。1914 位学员对研修培训的满意率超过 90%，很好地达到了对基础教育服务的促进作用。

高师院校语言类课程体系改革与建设

周建设　黄天树　张云秋　邹立志　汪大昌

一　成果主要内容

　　该成果针对高师院校语言类课程教学内容陈旧、交叉、缺乏规范、教法单一、实训过少等问题，以系统集成多元优化为原则，以教材建设、教法创新和实训平台建设为突破口，构建了"一套规范、三大核心、多元优化、全面协调"的三级课程体系，即以现代汉语、古代汉语、语言学概论三大主干课程为核心，围绕每门核心课程各设置5~6门支撑课程，同时开设10门左右拓展型课程。

第六届高等教育国家级教学成果二等奖——高师院校语言类课程体系改革与建设

（成果第一完成人：周建设）

　　该成果追求课程体系创新、教材内容创新、理论方法创新、培养模式创新，实现了高师院校语言类课程体系的改革与建设，得到了社会充分肯定，成果之一的国家级规划教材《现代汉语教程》已被 15 所高师院校使用，北京师范大学网络学院连续 7 年在全国 28 个省区使用该教材，反响很好。从 2005 年起，由周建设主讲的《现代汉语 60 讲》录像在全国名校名师精品视频网（www.spkjw.cn）播放，并由音像出版社制作成光盘（编号 WL52、类别 CDROM）向全国发行，广受欢迎。

该成果于 2008 年获得北京市教育教学成果一等奖。哈佛大学中文部主任、北京语言大学长江学者冯胜利教授鉴定认为"该成果理念领先、特色突出，具有创新性""具有较大的应用推广价值"。

二　创新点

1. 课程体系创新 —— 一套规范、三大核心、多元优化、全面协调

围绕核心课程设置多元支撑课程和拓展型课程，核心课程重视基础性和规范性、支撑课程注重前沿性、拓展课程注重应用性，各类课程优势互补、全面协调，形成了一套迄今最为完备的三级课程体系。

2. 教材内容创新 —— 核心教材追求基础性，支撑教材注重前沿性

在尊重经典内容的前提下合理吸取本学科国内外最新研究成果，解决了长久以来困扰高师院校语言教学内容陈旧、知识重复的问题。

3. 理论方法创新 —— 理论研究把握教学规律，现代技术丰富教学手段

全员投入教学改革研究，多角度探索语言类课程体系建设规律，共主持国家级、省市级或校级教改项目 22 项，发表教改论文或报告 50 余篇；注重将现代教育技术运用于传统语言教学全过程，使教学手段丰富多样。

4. 培养模式创新 —— 实验调研培养实践能力，理论研究提升学术素养

精心打造多种语言实训平台，鼓励学生广泛参与各类语言实践和研究活动，在实践训练中切实提高学生的语言素养。

项目组开展研讨会

三　应用情况

（一）人才培养成效显著

　　课程体系实施以来，为北京市大中小学培养了大批高素质的语言教育工作者，为港澳地区培养了 300 多名汉语教师，培训测试了数以万计的普通话人才，在 2008 年北京奥运会服务中，编撰了《奥运汉语 300 句》，并有 570 名学生作为奥运志愿者为国际友人提供语言服务，受到了奥组委和社会的广泛赞誉。

（二）课程教材应用广泛

　　改革成果《普通语言学纲要》为北京市精品教材，《古代汉语》为校级精品教材，"现代汉语"课程为北京市精品课程。此外，《现代汉语教程》为"十一五"国家级规划教材，由人民教育出版社出版，迄今发行 61000 册，为北京师范大学、东北师范大学、辽宁师范大学、哈尔滨师范大学、河北师范大学等 15 所高等师范院校所广泛使用，同时，作为北京师范大学网络学院指定教材，连续 7 年在全国 28 个省自治区市使用，反响很好。

（三）成果推广前景广阔

该项成果得到权威专家的充分肯定。哈佛大学中文部主任、北京语言大学长江学者冯胜利教授认为，"高师院校语言类课程体系改革与建设"成果"理念领先、特色突出，其课程体系设置、教学内容定位、实训平台建设与教学方法的改进都具有创新性，对促进和规范高师院校语言类课程体系的建设、提高人才培养质量具有较大的应用推广价值"。中国社会科学院学部委员、语言所所长沈家煊研究员认为："首都师范大学的语言类课程已经形成了一个比较完备的体系，有很好的示范性，有较大的推广应用价值，可以为其他院校语言学课程体系的设计和建设提供借鉴作用。"由此可见，课题成果必将获得更加广泛的应用，为人才培养做出更大的贡献。

项目组合影

精品课程建设的理念创新与团队建设

徐　蓝　齐世荣　刘新成　赵军秀　梁占军

一　成果主要内容

本成果以"世界近现代史"国家级精品课程为支撑，以世界近现代史国家级教学团队为依托，实现了精品课程建设的理念与实践创新，打造了一支可持续发展的教学团队。2009年本成果获北京市高等教育教学成果一等奖。

主要解决的教学问题有以下几个：

（1）解决了"世界近现代史"精品课程建设的理念创新问题，坚持以马克思主义世界历史理论指导课程建设，否定"西欧中心论"，从全球视野重构世界近现代史体系。

（2）对全校学生开放本课程，使之不仅是历史专业的精品课程，且成为全校大学生公共平台课程。

（3）解决了本课程教学内容与科研成果的有机融合问题。

（4）解决了精品课程建设和教学团队的不断同步发展问题，以精心培养青年教师为中心、精品课程建设为重点进行团队建设，形成了可持续发展的教学团队。

二　创新点

1.精品课程建设的理念创新

与国内同类课程相比，我们最早进行课程理念创新，坚持以马克思主义世界历史理论为指导，从全球视野重构世界近现代史课程体系。

2.精品课程建设的思路和实践创新

（1）在国内率先对本课程教学内容、教材建设、教学方法、教学对象等进行全方位改革。

（2）课程建设与教改研究有机结合，把教改成果落实到课程建设中。

（3）对全校学生开放本课程。

（4）坚持以高层次科学研究作为课程建设的基础，不断将科研成果转化为课程建设成果。

3.精品课程的教学团队建设创新

通过行之有效的方法，以精品课程建设为中心，培养青年教师顺利接班，保证了课程建设与教学团队的同步良性可持续发展。

第六届高等教育国家级教学成果二等奖——精品课程
建设的理念创新与团队建设

［成果第一完成人：徐　蓝（正中）］

三　应用情况

从高校教学情况来看：

（1）"世界近现代史"精品课程受到全校大学生的好评；

（2）激发了优秀学生的创新能力；

（3）2007年，"世界近现代史"课程被评为国家级精品课程；

（4）2008年，世界近现代史教学团队被评为国家级教学团队；

（5）2005年，世界近现代史教学团队所在的世界史学科被评为北京市学术创新团队，2007年被评为国家重点学科；

（6）参加"历史学科网络资源（素材）库的建设与应用"教改项目（与其他6所高校合作），2005年获高等教育国家级教学成果二等奖；

（7）徐蓝2006年获得北京市第二届高等学校教学名师奖；

（8）本成果支撑教材《世界史》（齐世荣为主编之一，徐蓝参加编写），是国家教委"七五"规划重点选编教材和"八五"国家重点图书；

（9）陆续出版了《世界通史资料选辑·现代部分》（第一、二、三分册）和《世界史资料丛刊（现代史部分）》；

（10）本团队正在编写的《现代国际关系史》教材入选教育部普通高等教育"十一五"规划教材，《世界近现代史》教材被评为北京市高等教育精品教

世界近现代史教学团队近期部分教学科研成果

项目组合影

材建设项目；

（11）徐蓝撰写的有关课程理念创新的学术论文《20世纪世界历史体系的多样性与编纂实践》已经发表在《史学理论研究》上；

（12）徐蓝主持的"精品课程建设的理念创新与团队建设"于2009年获得北京市高等教育教学成果一等奖；

（13）齐世荣主持的国家社会科学基金重大项目《20世纪的历史巨变》入选国家社科基金优秀成果文库。

从本成果的社会应用情况来看：

（1）齐世荣两次为中共中央政治局领导讲授世界近现代史，刘新成为中央领导人讲课；

（2）徐蓝为中央领导同志撰写《纪念世界反法西斯战争胜利60周年》稿件，并在凤凰卫视"世纪大讲堂"作《回看冷战》讲座；

（3）梁占军、程文进、徐蓝等参与中央电视台《世纪战争》《世界历史》等专题片的撰稿、拍摄、审片；

（4）2007年，徐蓝和齐世荣分别被教育部任命为全日制义务教育《历史课程标准》修订组召集人之一和顾问；

（5）2009年，徐蓝被中央批准为"马克思主义理论研究和建设工程"第四批重点教材《世界现代史》编写组首席专家；

（6）本团队对青年教师的指导和培养已有成效。

学科资源的整合优化与文学理论精品课程建设

陶东风　王德胜　邱运华　陶礼天

一　成果主要内容

本成果是北京市优秀教学团队——首都师范大学文艺理论教研室近年来完成并实施的一项重要教学改革成果，由国家精品课程"文学理论"、国家精品课程"美学"及"文学批评的方法与案例""中国古代文论"等四门本科必修课，以及"西方文论""大众文化导论""当代审美文化"等系列选修课，三部自编北京市高等教育精品教材《文学理论基本问题》《美学》《文学批评的方法与案例》等整合构成，有机融合了长期积累的精锐教学力量和优秀教学科研成果，荣获 2008 年北京市教育教学成果奖（高等教育）一等奖。

本成果主要解决的教学问题包括以下几个方面：①教材严重老化和雷同、创新能力欠缺等问题。以优秀教材编写为改革创新动力，连续编写出版三部高质量教材，努力克服长期存在的文艺学、美学教材创新难题，进而带动文艺学、美学课程教学改革。②文艺学、美学教学体系不完整问题。完整整合了文学理论、美学、古代文论、西方文论、文化研究、审美文化思潮研究等课程及其知识体系。③理论和实践相结合问题。通过案例教学和结合当下文艺现象的大众文化研究、文艺思潮研究等课程，激发学生学习兴趣，消除对文学理论、美学课程的畏难情绪。

二 创新点

第一，教材创新建设成果显著。出版了高质量的《文学理论基本问题》《美学》《文学批评的方法与案例》等 5 部自编教材，其中三部获得北京市精品教材的称号。

第二，科研与教学高度结合。融本学科学术成果于教学实践，通过科研促进教改。

第六届高等教育国家级教学成果二等奖——学科资源的整合优化与文学理论精品课程建设

（成果第一完成人：陶东风）

第三，分解课程并调整上课时间，形成新的教学模式。依据学生知识结构与思维特点，把文学理论课程分解为"文学批评的方法与案例"与"文学理论基本问题"两门课程，大一开设通俗易懂的方法与案例课，大三开设理论性较强的基本问题课。

第四，强化文艺学、美学等基础知识的实践性与应用性，开设大众文化导论、当代审美文化思潮等系列化的选修课程。

第五，优化、整合学科资源。基于精品化战略，整合文学理论、文学批评、美学、中国古代文论四门课程，进而打造成为既相对独立又相互联系的高品位文艺学课程体系。

三　应用情况

第一，自编教材得到广泛运用并产生积极反响。本成果在全国高校得到了普遍应用，特别是自编的一系列教材：《文学理论基本问题》不仅成为学界同仁推崇与盛赞的精品教材，也成为经得起教学实践检验、深受广大师生好评的经典教材，迄今已推出 3 版，印数达到 35000 册，cnki 检索中被引频次 83 次，被首都师范大学、华东师范大学、南京大学、中国青年政治学院等学校使用，被评为北京市精品教材。此外，方克强、吴炫等多位文艺学领域专家发表文章参与由本教材引发的文艺学学科讨论；《文学批评方法与案例》出版后受到了广泛关注，首都师范大学、南开大学、中国青年政治学院、湖州学院、解放军第二炮兵学院等国内各个层次和各个类别的大学都

项目组开展研讨会

项目组合影

采用了本教材，产生了良好的教学效果；《美学原理》作为"高校文科教材"被教育部课程教材研究所向全国高校推荐使用，迄今已在南开大学、山东大学、东北师范大学等十几所院校连续使用多年，印刷 5 版，印数近 5 万册。

第二，课程建设成果显著。文学理论和美学两门课程取得突出成绩，被评为国家级精品课程，使本教学团队成为全国唯一一个同时获得两门国家精品课程的文艺学教研室，产生了强烈的示范和辐射作用。

第三，精品课程的网络化取得明显成效。网络资源得到极大开发，成为首师大及其他高校师生利用的重要资源。

第四，教改成果得到广泛应用。如《大学文艺学的学科反思》《日常生活的审美化与文艺学的学科反思》等重要教改论文被《人大复印报刊资料》等多家刊物转载，引发了文艺学界关于文艺学学科反思的讨论，并被诸多相关论文或著作引用。

地理学实验教学体系与人才培养模式的改革实践

宫辉力　刘先林　李小娟　赵文吉　罗　辉

一　成果主要内容

本成果建立了以地学高新技术应用为特色的实验教学体系和培养模式。整体优化了传统实验技术与高新技术应用、传统实验和创新实验、本科生与研究生互动、校内外合作交流的"四结合"培养模式。

学生掌握地学高新技术深入应用的"一技之长"，受到用人单位的好评；学生探究式学习有效地反哺了教师创新教育能力的提高。

（1）教学平台的国际化，保证高新技术实验教学的先进性、实用性。教学平台被联合国教科文组织选为"在全球开展水资源管理的科学教育培训基地"，共建共享。

（2）高新技术应用激发学习热情。学生高新技术深入应用的"一技之长"受到用人单位的欢迎。

（3）高水平的科研成果转化为先进的教学仪器和软件。教学团队获国家科技一等奖、国家发明奖、国家专利的成果，并转化为教学系列仪器和软件，为国内外 30 多所大学选用。

（4）师生高新技术应用能力经受了抗震救灾的考验。师生团队 50 多人在灾区与国家减灾中心，通过校内外紧密协作，出色完成了国家交付的遥感监测任务，受到中组部表彰。国家减灾委、民政部依托我校建立了"国家灾害评估与风险防范重点实验室"。

二　创新点

1. 以地学高新技术应用为特色的实验教学体系和培养模式

共建共享国际化教学平台，整体优化"四结合"人才培养模式，适应现代地理学交叉综合、量化分析和系统研究区域时空规律的趋势。

2. 高水平科研成果转化为实验教学的先进仪器和软件

将团队获国家科技一等奖、国家发明奖、国家专利的成果转化为系列教学仪器和软件，并为联合国教科文组织、国内外 30 多所大学所选用。

3. 学生学习热情和应用高新技术解决实际问题的能力显著提高

以地学高新技术应用激发学习热情，培养学生探究式学习和高新技术深入应用的能力。70% 的本科生参加科研项目，获国家级、市级、校级科研立项 191 项，学科竞赛和科研奖励 120 多人次。学生掌握高新技术应用的"一技之长"，

第六届高等教育国家级教学成果二等奖
——地理学实验教学体系与人才培养模式的改革实践

（成果第一完成人：宫辉力）

成果第二完成人：刘先林（右一）

受到用人单位的好评。

4. 教师团队创新教育能力明显提升

教师通过新的实验教学体系和培养模式，实现了高水平科研与教学相互促进；学生的探究式学习有效地反哺了教师创新教育能力的提高。师生共享教改成果，实现共同发展。

三 应用情况

（1）"中关村地区28所院校教学联合体"共享教改成果。科研成果转化为具有自主知识产权的实验教学系列仪器和软件，辐射国内外30多所高校。

（2）在国际培训中辐射教改成果。为联合国教科文组织（UNESCO）水资源可持续发展与管理部提供遥感图像处理软件ImageInfo，支持其在世界范围内的科学教育活动；与欧空局合作，承办陆地遥感技术培训活动；2000年以来，承担东盟国家水资源水环境管理培训的工作。

（3）中外教学团队共同实践、不断改善教改成果。2002年以来，每年与

项目组合影

国外大学地理系联合开展中国地理实习，包括美国纽约大学、西华盛顿大学、
纽约州立大学布法罗分校、马里兰大学等，已成为固定的实践教学环节。

（4）针对国家减灾救灾的重大需求，开展行业高新技术应用培训工作。
面向国家减灾中心、民政部、国家遥感中心等，开展空间信息技术在灾害信
息提取、处理与风险分析和损失评估中的应用培训，服务于国家、政府和
行业的重大需求。

（5）与6个国际品牌的遥感、GIS软件公司合作，辐射教改成果。建立
了 ARCGIS、ENVI、PCI、JX–4、IMAGEINFO、EZMAP 几个开放的实训基地，
有效促进了参加培训师生的专业软件应用能力与国际接轨，共享实验教学体
系和培养模式的成果。

（6）出版实验实习类教材10部，推广教改成果。《旅游地理信息系
统——设计、开发与应用》《地下水地理信息系统——设计、开发与应用》
《数字国土——设计、实现与应用》等10部实验实习教材，促进以高新技术
应用为特色的实验教学成果在国内同类高校中应用。

（7）主持教育部"教师教育类专业人才培养模式改革实践研究"（2005~
2007）、北京市"地理学课程体系与人才培养模式研究"（2007~2009）等教
育研究项目。

以教材建设为核心，推动数学专业基础课程建设

李庆忠　焦宝聪　朱一心　石生明　李　忠

一　成果主要内容

"以教材建设为核心，推动数学专业基础课程建设"以"数学分析""几何学""代数学"等数学专业基础课程建设、教材建设以及教学实践为内容，致力于课程体系和教学手段的改革创新；以提高学生的学习能力为目的；以"基础数学"国家重点学科、数学一级学科博士点、国家级特色建设专业和北京市重点建设专业"数学与应用数学"为依托；以国家级精品课程"代数学"、北京市精品课程"解析几何"和"几何学"为支撑；以普通高等教育"十一五"国家级规划教材《微分几何》（第三版）、《数学分析教程》，普通高等教育"十五"国家级规划教材《近世代数初步》（第二版），面向 21 世纪教材《几何学引论》（第二版）为成果；重点实施因材施教、提高教学水平、提高培养质量，为北京市和国家培养高素质人才。

"数学分析""几何学""代数学"是数学专业的基础课程。如何将传统的教学内容在现代知识体系和教学理念下重构，使得课程内容符合新时期人

27

2008 年北京市高等教育教学成果一等奖——以教材建设为核心，推动数学专业基础课程建设

（成果第一完成人：李庆忠）

才培养的要求，并创新教学手段以提高培养质量，是我们进行基础课程建设与改革的目标。

二　创新点

（一）理念创新

注重学科建设与教学建设同步进行，注重现代数学的核心内容、思想与方法在教学中的体现，并将其凝聚在教材中。①思想创新包含对数学思想和教学思想两个层面。②内容创新着重要求理清数学发展的本质特点和逻辑线索。③方法创新包含教学内容逻辑方法、教学方法和学习方法等方面。

（二）思路创新

注重基础课程的全面建设，注重思想、内容、方法的整体性，并将教学研究成果落实在精品课程建设和优秀教材建设中。

三　应用情况

（一）建设成果

本项目成果积累在国家级精品课程"代数学"，北京市精品课程"解析几何""几何学"，以及普通高等教育"十一五"国家级规划教材《微分几何》（第三版）（梅向明、黄敬之编，高等教育出版社，2003 年）及其配套教材《微分几何学习指导与习题选解》（梅向明、王汇淳编，高等教育出版社，2004年）等一系列优秀教材中。

（二）资源共享

基础课程的建设成果促进了基础课程教学水平的提高，增加了与国内同行在教学建设方面的交流，也将我们的优质资源与同行分享，为国内数学专业基础课程的教学研究与实践提供了良好示范和借鉴作用。

成果支撑材料

（三）教学团队

自 2001 年以来，首都师范大学数学学院一直坚持聘请、组织高水平的教授担任基础课程的主讲工作，强调优秀教师的教学投入、注重青年教师教学能力的培养，将课程建设、教材建设的优秀成果落实在教学中。

（四）学生质量

①学生学习风气得到改善，一些学生进入研究生基础课程学习，参加讨论班，提前毕业。②新生第一志愿录取分数逐步提高，平均超出一本线 30 分，实验班超出 60 分，稳定在全校前列，实验班录取分数达到国家重点大学水平。③学生参加的各类专业竞赛成绩提高，取得数学建模北京市一等奖和全国一等奖，大学生英语竞赛一等奖。④学生考取研究生比例稳步提高，2008 年接近 25%。

项目组合影

以"过程控制、多方参与"为模式，构建动态化教学质量保障体系

王德胜　吴敏华　张树东　关　永　李学文

一　成果主要内容

本成果以整合教学管理手段、提高本科教学质量为目标，旨在有效解决教学实施过程中的综合管理问题。

本成果是北京市普通高等学校先进教务处组织实施的全校性重要教学改革成果，通过自主研发的一整套教学管理支撑系统，包括学生课堂考勤系统、师生互动交流系统、学生专业实习管理系统、本科生毕业设计（论文）管理系统、学生科研创新管理系统、教师教学质量评价系统、教学资源共享系统等，形成了一个以"过程控制、多方参与"为模式的动态化教学质量保障体系。

本成果从分析教学实施过程的各个主要环节入手，是以综合化教学管理为目标、以互联网技术为手段、以动态化教学过程管理为内容的本科教学质量保障体系，突出解决了教学质量保障体系建设中的分散管理、条块管理、重复管理等缺陷，有效整合了校内外各种教学资源，有效拓

展了学生学习的空间和时间，有效强化了师生之间的沟通与交流，进而全面实现了整个教学实施过程的动态化管理，强化了学校教学管理部门和教学单位对教学实施过程的质量监控，为整体提高高等学校人才培养质量创造了有利条件。

二 创新点

（1）以"深化管理，优化机制，强化服务"为理念，以提高本科教学质量为目标，以"过程控制、多方参与"为模式，提出了有效解决教学实施过程中的综合管理问题方案和技术措施，形成了新时期教学动态化综合管理的新模式。

2008 年北京市高等教育教学成果一等奖——以"过程控制、多方参与"为模式，构建动态化教学质量保障体系

[成果第一完成人：王德胜（左二）]

（2）充分运用现代信息技术和互联网技术，构建了动态化综合性本科教学保障体系。

（3）研制了"首都师范大学本科课程教学质量评估标准与实施办法"以及"首都师范大学本科教学改革方案"。

三 应用情况

（1）通过考勤系统的实施，学生的学习风气明显改观；师生互动交流系统更是增强了学生学习的积极性、主动性；教师教学评价系统推进了师德、师风的建设，先后有7位教师获得"北京市教学名师"称号。

（2）通过学生科研创新管理系统，有效地提高了本科生的创新能力。近三年来，学校共批准学生科研立项788项，参与科研立项的学生超过3500人次；批准实验室开放基金项目605项，参与实验室开放基金项目的学生超过2500人次；2008年批准校级大学生创新性实验计划项目58项，其中30项被批准为北京市大学生创新性实验计划项目。2008年，学校成功跻身国家大学生创新性实验计划项目校行列，获得20余项国家大学生创新性试验计划项目。在此基础上，学生在国内外各种科技竞赛中取得了丰硕的成果：近三年来，获得国家级各类学科竞赛特等奖1项，一等奖6项，二等奖11项，三等奖43项。获得北京市各类学科竞赛特等奖2项，一等奖8项，二等奖29项，三等奖68项。

（3）通过平台的建设，教学过程管理更加规范。制定《首都师范大学关于全面提高教学质量的若干意见》等数十个教学制度，编印《首都师范大学教学管理文件汇编（2007）》《首都师范大学教学管理文件简编（2008）》《教师教务系统使用手册》等，对进一步落实和完善学校教学工作的制度化建设与管理起到了积极作用。2004年以来，首都师范大学共获得24门北京市精品课程、56门校级精品课程及一大批校级优秀课程和达标课程，

项目组合影

国家精品课程数量在北京市属高校中位居第一；4个国家级特色专业、8个北京市特色专业、9个北京市级品牌专业，英语专业在教育部组织的全国性专业评估中被评为优秀；3个国家级人才培养模式创新试验区、2个国家级教学团队；在北京高校中率先实施了严格的校内专业评估制度，聘请国内一流专家分学科组成专业评估组，对全校47个不同类型专业进行评估。

创建教师教育协同发展机制，全面提高师范生专业素养

刘新成　孟繁华　张景斌　宁　虹　康丽颖

一　成果主要内容

针对长期存在的教师教育理论与实践脱节以及由于对教师专业理解偏差而造成的教师教育课程设置与实施的专业性缺失等影响教师教育发展的关键性问题，以研究教师专业发展的实质、探索教师教育合作共同体的创新发展机制、创新大学教师教育教学实践为突破口，取得了以下主要成果。

（1）构建了教师教育专业化的协同发展机制，提升了大学与中小学合作共同体的运作效果。

第七届北京市高等教育教学成果一等奖——创建教师教育协同发展机制，全面提高师范生专业素养

（成果第一完成人：刘新成）

（2）形成了教师专业素养养成的支持体系。以研制教师能力标准为基础，建设教师教育精品课程群，改进教学实践。

（3）更新了教师培养模式。开展教师教育试验区建设，启动"教师教育拔尖人才培养"计划；实施"双导师"制，实现教育理论与实践的紧密结合。

（4）实现了师范生专业素养的大面积提升。师范生的专业素养明显提升，毕业生普遍受到中小学的欢迎与社会认可。

二　创新点

（1）理论创新。教师教育改革迫切需要探索的一个重要理论方向是基于实践哲学的教师教育理论与实践。探索过程中我们更加明确了教师教育改革的实践取向既意味着"重心下移"，也要彰显大学的责任：教师专业发展与教师之教的学术探索。

（2）机制创新。通过教师教育合作共同体建设，形成大学和中小学双方共同的目标，并生成合作共同体多样化的分享机制和有效运行机制；通过实践取向的教师教育理论与实践建设，形成大学和中小学共同承担职前教师培养的新的教师培养机制。

（3）模式创新。建设合作共同体，构建"职前—职后一体化"的教师专业发展模式；实施"双导师"制，实现教育理论与教育实践的紧密结合；开展试验区建设，启动"教师教育拔尖人才培养"计划；创办试验班，着眼于"教师专业意识品质养成"。

三　应用情况

（一）人才培养

（1）师范毕业生获得较高社会认可度。有效的教师教育实质的内容和效果，体现为毕业生所具有的教师专业素养。

（2）学生教育研究能力明显提高。师范生进入合作共同体教师发展学校进行科研课题，完成毕业论文，提升了教育科研能力。

（3）形成了教师教育人才培养链。本科师范生、全日制教育硕士和以一线优秀教师为对象的学科教育应用型博士的培养，构成了教师教育不同层次、不同类别的人才培养链。

（二）学术研究

本项目共发表相关学术论文387篇；出版学术著作70余部；主办了有重要影响的国际学术会议4次、国内学术会议16次；与本成果相关的研究成果分别获得北京市教学优秀成果（高等教育）一等奖、中国高校人文社会科学优秀成果一等奖；北京市哲学社会科学优秀成果一等奖等各级奖项十余项。

（三）实践效果与社会影响

我校教师教育改革的理论与实践取得了明显效果，在学术界和社会上引

项目组开展座谈会

项目组合影

起了广泛关注，受到普遍好评。2011年9月9日，胡锦涛同志考察并看望北京市八十中期间，了解到该校与首都师范大学建立了合作共同体，在师资队伍建设方面成效显著，时任中共中央总书记胡锦涛与身旁的国务委员刘延东和教育部部长袁贵仁亲切交谈，一致认为师范生从一开始就进中学，实行双导师培养的做法很好，认为这是教师教育的发展方向。2009年5月习近平同志考察首都师范大学时，也对这一做法表示了肯定。

高师院校语言学学术优势向教学优势转化的探索

洪 波 周建设 冯 蒸 黄天树 刘贤俊

一 成果主要内容

（一）语言学学术优势

语言学各二级学科均为北京市重点学科，2005 年以来主持国家级重大项目 1 项，承担国家级重大项目子课题 2 项，主持国家级重点项目 1 项，一般项目 7 项，主持教育部项目 4 项，主持北京市项目 10 项。2005 年以来出版学术著作 19 部，发表学术论文 159 篇，3 项成果获得北京市优秀科研成果一等奖、二等奖，1 项成果获得"李方桂语言学论著优等奖"。

（二）语言学学术优势向教学优势的转化

（1）优秀教学团队建设：汉语言文字学教学团队建设成为北京级优秀教学团队和国家级优秀教学团队。

（2）精品课程和精品教材建设：已建成国家级精品课程 1 门，市级精品课程 1 门，市级精品教材 1 部。

第七届北京市高等教育教学成果一等奖——高师院校
语言学学术优势向教学优势转化的探索

（成果第一完成人：洪　波）

（3）名师培养：黄天树、洪波、冯蒸3位教授先后被评为北京市教学
名师。

（三）优势转化所解决的教学问题

（1）教学研究不断深入：出版教学研究成果2部，发表教学研究论文
10篇。

（2）教学投入力度不断加大：全员上岗，一线投入，4位博导担任本科
"拔尖人才"班导师。

（3）教学改革更上层楼：2005年以来主持教育部教改项目1项，北京
市重点教改项目1项，校级教改项目5项。其中有2项教改成果获得国家
级优秀教学成果奖，1项成果获得北京市级优秀教学成果奖。

二　创新点

（1）建构本科语言类课程学习指导体系：以本科"拔尖人才班"为契

机，以本科生导师制为途径，建
构了本科生语言类课程的学习指
导体系。

（2）建构学术成果转化机制：
以"燕京论坛""拔尖人才班"系列
讲座等方式建构起学术成果向教学
资源转化的机制。

（3）建构本科生自主创新学习
机制：以科研改进教学方式，在学

（成果第二完成人：周建设）

生参与教师的学术研究课题的过程中建构起本科生自主创新学习的机制。

三　应用情况

（1）改革模式广泛认同：高校以育人为本，探索学术优势向教学优势的
转化是提高人才培养质量的必由之路，汉语言文字学教学团队成为北京市优
秀教学团队和国家级优秀教学团队，黄天树、洪波、冯蒸3位教授先后被评
为北京市教学名师，洪波教授主讲的《古代汉语》成为国家级精品课程，周
建设教授主讲的"现代汉语"成为北京市精品课程，洪波教授主持的"古代
汉语立体化教学改革"和周建设教授主持的"高师院校语言类课程体系改革
与实践"均获得国家级优秀教学成果二等奖。这些成果证明我们的教学改革
模式得到广泛认同。

（2）改革成果广泛应用：洪波教授主讲的《古代汉语》登载"国家精品
课程网"，面向全国开放。洪波教授创立的立体化古代汉语教学模式、主讲
的"语法化研究"在"超星网"学术视频登载，已被点击81648次，有62
人将其列入学习计划。周建设主讲的《现代汉语60讲》录像在"全国名校
名师精品视频网"播放（www.spkjw.cn），由音像出版社制作成光盘向全国

（成果第四完成人：黄天树）

发行，并作为北京师范大学网络学院指定教材，连续 7 年在全国 28 个省区市使用。《现代汉语教程》为"十一五"国家级规划教材，迄今发行 61000 册，被北京师范大学、东北师范大学、辽宁师范大学、哈尔滨师范大学、河北师范大学等 15 所高等师范院校作为指定教材。

（3）人才培养质量显著提高：2012 年 4 月出版的《语言学习：发现与提升》全部为学生的学习和研究成果，充分展示了学生的语言学素养和研究水平。近年来，我校有一大批学生被免试推荐或考取语言学相关专业硕士研究生。

多点分层、协同共享，构建"五互"型学生实践创新能力培养体系的实践

王德胜　胡卓玮　罗　辉　申玉铭　赵艳红

一　成果主要内容

本成果以"多点分层、协同发展"为建设理念，以强化实践创新能力、提升综合素养为目标，针对本科教育阶段学生知识学习与能力发展相脱节，特别是课内学习缺乏课外实践成果反馈、能力培养缺乏科研训练支撑的问题，通过整合实践教学资源、整体设计科研创新训练项目、集中建设能力培养平台，构建起机制设计、资源利用、环境创设、发展途径等"多点"内容的关联统筹，国家、北京市、学校和

第七届北京市高等教育教学成果一等奖——多点分层、协同共享，构建"五互"型学生实践创新能力培养体系的实践
（成果第一完成人：王德胜）

院系四级"层面"协同实施，以"知识学习与应用实践关联互融、校内指导与校外培养紧密互动、内部条件与社会资源交叉互补、科研创新与专业实训机制互通、能力提升与综合素养目标互联"为特征，以3个国家级和1个北京市级人才培养模式创新实验区、1个国家级和6个北京市级实验教学示范中心、3个北京市级校外人才培养基地、4个校内创新实践训练基地为支撑的"五互"型本科生实践创新能力培养体系，在"理论–实践"双向反馈中有效拓展学生能力训练途径，实现高质量、多元化、综合性训练对专业学习与应用能力培养的推动作用。

二　创新点

（1）机制、环境、途径等多点分层协同，理论与实践双向互动。以"系统、优化、协同"为模式，多点分层、协同建设，有效实现优质资源全面整合和开放共享；直面学生能力发展需要，提倡和强化专业学习对能力训练的基础作用、能力训练对课堂教学的反馈作用，为学生能力养成提供坚实的依据。

（2）发挥管理效能，制度建设全方位、体系化。围绕本科生实践创新能力培养环节，构建了校内外"基地建设管理办法"稳定支持学生创新实践项目运行、"创新实践训练计划"明确规范实习实训与科研创新活动过程、"创新学分认定"具体肯定能力训练成效等一整套实践创新能力培养制度体系。

（3）利用信息技术优势，创新能力培养手段。以宽带网络和视频技术为支撑，开发建设连通多个校区、校外基地的学生实习实训远程教学平台，通过网络录播、远程交互、高清显示、在线点评等手段，实现全信息共享与实时互动，形成学生能力培养"校内外互通"新模式。

三　应用情况

1. 充分实现了校内实践教学资源的优化整合和深化利用

依托校内创新实践训练基地建设，学校各类实验教学示范中心、人才培养模式创新实验区、科研创新平台等，面向本科生实现了全面开放共享。

2. 有效促进了校外实践教学资源的深度拓展和全面升级

本成果充分依托 3 个北京市级校外人才培养基地，以"校校""校所"和"校企"等合作形式，积极拓展本科生专业素质与能力提升的多向通道，创新了学生实践能力培养的模式。

3. 全面深化了实践教学在人才培养中的作用

通过全面实施"大学生科研能力提升计划"，本成果全面深化了实践教学在人才培养中的地位和作用，积极拓展了本科生实践动手与科研创新能力

项目组合影

培养途径。

4. 显著提高了学生能力培养工作成效并产生积极的社会反响

2012 年，应届本科毕业生中考研和出国深造人数比率达 26.21%。学校由此入选"2010~2011 年度全国高校毕业生就业工作 50 强"。

北京市教委专门委托学校教务处主办"北京市本科教学质量与教学改革工程建设网"，主持"北京高校教学状态数据系统建设""校际教学互动平台建设"等重大项目。2008 年，学校教务处被评为"北京市高等学校先进教务处"，2012 年荣获"全国高等教育学籍学历管理工作先进集体"称号。

网络课程点评平台支持师范生教学 实践能力培养的研究

焦宝聪　方海光　樊　磊　王海燕　李克正

一　成果主要内容

以北京市教改项目"信息环境下师范生教学实践能力培养模式研究"为基础，我们完善该培养模式并进行深入研究，提出了利用数字化手段促进师范生教学实践能力培养的目标，旨在充分利用信息技术手段，共享优质网络教学资源和专家资源以推进师范生职前培养。在进行了深入细致的调查分析后，以"学科专家通过网络点评师范生课堂实录的方式"为切入点着手研究，在已有试点研究基础上，提出了网络专家引领式的师范生

第七届北京市高等教育教学成果一等奖——网络课程点评平台支持师范生教学实践能力培养的研究

（成果第一完成人：焦宝聪）

职前培养模式。

本项成果不仅可以改善目前师范生教学实践能力缺乏的现状，而且可以为偏远地区实习的师范生提供更多好的共享资源和专家引领。

二 创新点

（1）突破传统师范生培训模式专家资源匮乏的瓶颈，大范围提供专家引领。师范生同样可以通过网络支持平台与专家进行远程视频互动交流，从而得到更好的专家引领。

（2）强化师范生学科课堂实录的系统性、针对性和实用性。给众多教师提供系统、完整、基于真实课堂的教学案例和带有专家点评的网络媒体资源。

（3）提出师范生职前培养与职后培训一体化的可操作模式。不仅针对不同层次的教师的不同需求，广泛利用专家经验为教师的职后培训提供个性化

项目负责人参加"课程点评平台"专家鉴定会

的指导，而且为在校师范生的培养提供了优质教育资源，提升了师范生职前的教学实践能力。

（4）促进区域师范生教育资源均衡发展。基于专家引领构建网络教学视频案例资源，克服了因地域造成的资源限制，促进师范生教育教学共享资源，最终促进区域教育资源走向均衡化。

三　应用情况

（1）师范生教育教学的广泛应用。目前，网络点评平台已经为首都师范大学教育学院、外国语学院、化学系、政法学院等众多师范生服务，此模式的应用创新性和便利性已经受到广大师范生的一致好评。

（2）师范生教学实践能力的积极提升。平台及该模式得到了各位领导、教师和师范生的充分肯定，认为本平台为师范生教育教学能力的提高提供了便利。

项目组合影

（3）师范生实践基地环境的完善。历时 4 年，项目组目前已经将网络点评平台应用于顺义区、延庆县、密云县、房山区等 4 个郊区县的大批学校中。

（4）网络课程案例资源库的可持续性发展建设。在教学视频案例资源的采集、加工、共享方面，在专家资源的获取和管理方面，以及平台的建设应用方面等都形成了成熟的、具有一定推广性的模式。

（5）常态课案例聚焦一线课堂的实践性取向的形成。本平台是通过现实教学案例帮助教师获得亲身体验，引导他们从建立正确的教育教学行为入手，在行动的过程中收获成功体验，从而增强自我发展的信念。

（6）网络优化专家引领的服务机制的形成。基于点评平台的师范生教育系统将打破时空限制，在更大范围内实现学习资源和专家资源的共享。

（7）师范生培养借鉴模式的形成和共享。本研究课题在国内师范生教育方面具有很好的创新性和影响力，已经成为国内师范生教育和教师实践基地建设的典型应用模式。

（8）应用创新模式产生的广泛影响。本研究组织召开了一系列相关的国际和国内会议和研讨活动 15 余次，发表论文 70 余篇，取得软件著作权 3 项，在国际会议上作相关主题报告 20 余次，获得各种奖项 20 余项。

高师与基础音乐教育"双核心" 培养模式创新研究

周世斌 郑 莉 张玉榛 肖 萍 刘亚春

一 成果主要内容

（1）解决实践能力培养的理念创新问题。针对高师音乐教育轻实践能力培养以及中小学音乐教育轻审美能力培养的问题，以强化音乐师范生的教学实践能力和提高中小学生音乐审美能力为"双核心"，提出"在操作中学习、在表现中体验、在实践中审美"的教学创新理念。

（2）解决实践能力培养途径单一问题。整合高师和中小学优秀音乐教师资源，构建高师与基础教育实践能力培养的"双轨制"模式，进行模式创新。

（3）解决教学内容与科研成果有机融合、相互促进的问题。以高层次的科研成果和学术交流解决教改中的学术问题，以学术促教改，保证本成果的普遍推广价值和学术前沿性。

（4）解决教学成果的社会应用价值转化问题。开辟了首都高师音乐教育与西部地区基础音乐教育改革的对接与合作，使成果引领西部地区基础音乐教育改革，并体现为非物质音乐文化遗产的教育与传承。

二 创新点

（1）创新了高师和基础音乐教学理念，并在教学中得以科学验证——在国内首创提出"在操作中学习、在表现中体验、在实践中审美"的创新理念并通过教改实践加以验证。

（2）构建了音乐教学实践能力培养的"双轨制"创新体系——在创新理念指导下，以"双核心"能力培养模式、"双导师、双实践"教学模式，构建了高师音乐专业教学实践能力培养、中小学音乐课堂改革的双向激活与转换的实践能力创新培养体系。

第七届北京市高等教育教学成果一等奖
——高师与基础音乐教育"双核心"培养模式创新研究

（成果第一完成人：周世斌）

（3）体现了将成果转化、应用和服务于西部地区基础教育重建与改革以及文化传承的重大价值——自 2008 年"5·12"大地震以来，在灾区创建"音乐教育人才培养创新实验基地"，用音乐抚慰灾区师生心灵创伤。

三 应用情况

（一）成果的教育成效

1. 人才培养成效显著

成果建设和实施以来，为北京市和全国中小学培养了大批素质高、教学实践能力强的音乐教育工作者。

2. 培养体系成果丰硕

本成果构建了"一个目标、五个模块、多元优化、全面协调"的三级课程体系。这一课程体系在全国高师院校音乐课程建设中居于领先位置，得到了业内的一致认可。

（成果第二完成人：郑　莉）

3. "双轨制"模式成效显著

经多年教改检验，这一模式所具有的创新理念和实践内涵体现出显著的教学效能，与国际先进教育发展趋势同步接轨，具有科学的教育普适性和推广应用价值。

（二）成果的社会应用

2008 年 5 月 12 日，四川发生大地震，本成果负责人于灾后第一时间组织带领国内第一支音乐心理治疗团队紧急奔赴灾区，对遭受严重创伤的中小学生进行音乐心理抚慰。本成果群体创作的《北川中学之歌》被作为灾区学校精神象征，为时任国务院总理温家宝演唱并赠送给总理，全国几十家新闻媒体对本成果予以报道。本成果在世界音乐教育大会和国际及亚太音乐认知科学大会以及美国、日本十几所大学报告、交流。

（三）成果的专家评价和推广前景

本成果得到了国内外权威专家的充分肯定。美国著名音乐教育家、南加州大学音乐教育系主任、第 30 届世界音乐教育大会主席候选人 Sheila

（成果第三完成人：张玉榛）

Woodward教授认为本项目成果"理念领先，方法科学、实践应用成效显著"。

国内一批著名音乐学家、音乐教育学家张前、宋瑾、戴嘉枋、谢嘉幸等认为"该成果理念先进，具有重要的应用价值"。

以"发展性"评估促进内涵深化，构建可持续性专业建设机制

宫辉力　王德胜　唐　霞　李学文　周雪敏

一　成果主要内容

本成果针对地方高校专业建设中三个关键问题：有效协调规模、质量、结构与效益，提供专业结构与布局调整的决策依据；充分结合专业建设定位、学校办学目标与社会实际需求，凸显专业发展优势与人才培养特色；有机融合人才培养目标体系与模式创新，不断优化课程体系及其特定内容结构、师资结构；通过研制校内专业建设标准、创设"经验总结－学校检查－同行会诊－自我反思－内部整改""一体五段全覆盖"的"发展性"校内专业评估模式，在实质性推动学校专业结构布局调整优化的基础上，构建起具有可持续性特征的专业建设机制，实现了专业内生优势的有效强化、人才培养特色的凝练深化。

本成果为地方高校主动适应经济社会发展需要探索了实践途径、积累了有益经验，得到北京市教委、教育部相关专业教学指导委员会专家和兄弟高校的高度认可。

二 创新点

第七届北京市高等教育教学成果一等奖——以"发展性"评估促进内涵深化，构建可持续性专业建设机制
（成果第一完成人：宫辉力）

（1）确立"主动适应与特色发展动态平衡"的内涵要求，体现专业建设目标的可持续性。将持续深化不同专业各具特色的内生发展优势与主动适应经济社会不同需求的人才培养特性有机结合，分层次、多样性地保证了不同专业建设目标的可持续实现。

（2）创设"一体五段全覆盖"的"发展性"专业评估模式，体现专业建设的全面性，在全国率先自主实施校内专业评估并研制出有学校特色的评估指标体系，实现了专业建设内容与目标的全覆盖。

（3）建立专业发展能力提升工作平台，体现专业建设的开放性。借助专业评估过程，组建一流同行专家智库，为校内各专业在与国内同类顶尖专业交流中更好地凝练特色、寻求发展搭建长期工作平台。

三 应用情况

（1）可持续性专业建设机制的构建理念与实践模式，有力地促进了学校专业建设的内涵深化，产生了积极的社会影响。

本成果的构建理念在全国地方重点师范大学教务处长联席会、北京高校领导干部会议、北京高校教学业务会、北京高等教育学会年会等进行了专题经验介绍，同时受到"北京教育（高教版）"等教育媒体及许多高校的关注。

（2）可持续性专业建设机制的积极构建，有力地促进了学校专业结构布局的调整优化、人才培养模式改革实践的具体深化、人才培养质量的稳步提高。

通过主动调整专业布局，实现了校内相关人才培养资源的有效整合。

本成果的实施，使学校形成了专业教育与素质养成有机结合的人才培养新格局。使学校的人才培养层次、人才培养质量迈上新的台阶。

（3）可持续性专业建设机制的不断完善，有力地促进了学校专业建设水平的显著提升，教学改革成效突出。

可持续性专业建设机制的不断完善，也直接促进了以精品课程、探究式课程、双语教学课程、通识教育课程，以及优秀教学团队、实验教学示范中心、精品教材等为内容的学校本科教学基本建设的全面推进。

（4）可持续性专业建设机制的具体落实，有力地促进了教学激励机制的

项目组合影

强化、教学质量管理的完善、教育信息化水平的提高。

学校不断强化以质量为核心的教学激励机制，以教学投入、教学能力、教学效果和育人贡献为评价核心，树立了一批教学表率，激励和提升了广大教师踏实教学的责任感、人才培养的荣誉感。

同时，学校积极完善教学质量管理制度，有效实现教学质量监控体系的保障作用；通过全面建设教学信息共享平台，不仅极大地提高了学校的教育信息化水平，而且实现了校内外各类优质教育资源的充分利用。

创设资源共享型人才培养合作体，构建师范生"双能力"提升机制

王淑芹　李学文　兰　维　郭健宏　郭长彬

一　成果主要内容

本成果创设了大学与中学优质教育资源共享型人才培养合作体，实施了基础教育优质资源的开掘利用制度、大学与中学优质教学资源的互通共享制度、大学服务于基础教育的反哺制度，建立了高师院校与基础教育学校优质教育资源的互通、互补、互益的人才培养联动机制，形成了"资源共享、合作培养、实践育人"的开放性人才培养新模式。

本成果着力解决大学与中学优质教育资源的分割自闭、大学教学与基础教育内容相脱节、学生的学习能力与实践能力缺乏融通互动等长期困扰教师教育人才培养的三个关键性教学问题。本成果在全国高师院校率先探究并实施了教师教育人才"双能力"（学习能力与实践能力）融通互动提升机制，极大地提高了师范生的课程设计能力、课堂讲授能力、教学反思能力，发挥了学生实践能力提升对其学科学习能力的"迁移"作用，进而促进了高等师范院校深化人才培养模式而"实现从注重知识传授向更加重视能力和素质培养转变"的任务。

二 创新点

第七届北京市高等教育教学成果一等奖——创设
资源共享型人才培养合作体，构建师范生"双能力"
提升机制

（成果第一完成人：王淑芹）

（1）人才培养观念创新。本成果率先提出师范生"双能力"统一互促的人才培养观，形成了学习能力与实践能力融通互动的"双能力"提升的理论表达。

（2）"双能力"提升机制创新。实施基础教育优质资源开掘利用制度、大学与中学优质教学资源互通共享制度、大学服务于基础教育反哺制度，构建合作培养、实践育人的资源平台，形成大学与中学互通、互补、互益的人才培养联动机制。

（3）实践教学方式创新。在全国首创远程实践教学观摩实验室，使学生观摩到多种课型、见识到多种优秀课程，增强学生的课程设计能力、课堂讲授能力、教学反思能力以及对其学习能力的"迁移"。

三 应用情况

（1）改革教育理念已产生了良好的社会影响。本成果率先提出的师范生"双能力"融通互动的人才培养观，不仅在我校发挥了理论指导实践的作用，而且得到了市教委、专家学者和北京师范大学、东北师范大学、华南师范大学等其他师范大学的普遍好评。

（2）促进了师范生的专业成长，受益面广泛。五年来，受益人群涵盖了我校师范生 5000 余人，实现了培养目标、效果突出。

（3）促进了课程建设和教学改革，提高了教学质量和教育水平。合作体的平台，促进了大学教师对基础教育的改革、理念、学科知识等方面的深入了解，发挥了学生实践能力提升对其学科知识学习的"迁移"作用。教学质量全面提高，获得学生的一致好评。

（4）提高了师范生的培养质量。合作体的平台极大地增强了师范生的专业意识并提高了其专业能力。

（5）保持了师范毕业生的高签约率。师范生的教师素质全面提升，受到用人单位的欢迎和好评。毕业生实际签约率每年达 90% 以上。

（6）缩短了新教师的适应期和成长周期。用人单位普遍反映我校师范生不仅具有较强的敬业精神和责任心，而且业务上手很快。

项目组开展座谈会

项目组合影

（7）研究成果丰硕。出版了《面向课程改革的新思考——特级教师谈教学》《教师教育人才培养新探索——构建资源共享模式的理论与实践》《面向能力提升——教师教育人才培养的实践与思考》等教师和学生的研究成果。

创设"1+4+X"课程体系，构建实践导向的生涯教育模式

缪劲翔　刘　锐　杨艳艳　张　颢　祝杨军

一　成果主要内容

本成果以大学生职业发展教育为切入点，始终坚持三个理念：一是要确保科学性——寻找理论依据、把握现实基础；二是要以学生为本——分层分类设计；三是要注重实践性——互动教学、实践教学。创新性地构建了多层次有机结合的"1+4+X"课程体系。即以一门必修课为核心、四门特色选修课为支撑、多种职业发展教育实践活动为补充，实现职业发展教育的全覆盖，更加兼顾学生的"个性化"需求，以学生为中心，直面和解决学生现实问题，引导和促进学生主动探索和调整职业发展

第七届北京市高等教育教学成果一等奖——创设"1+4+X"课程体系，构建实践导向的生涯教育模式

（成果第一完成人：缪劲翔）

目标、增强学习动力、培养通用技能、历练综合素质，全面助力学生职业发展和自我成长。

二　创新点

（1）创新教学组织形式，采用小组教学，集中培训，分组教研的模式。"班级教学 + 小组指导 + 个别辅导"的模式，确保了对学生全覆盖的落实。

（2）运用"三级实践教学模式"，将理论知识学习与实践相结合。

- 课堂实践教学——通过角色扮演、小组活动、课堂讨论等多种形式，教师分小组指导，调动学生积极性。
- 课外指导性实践——通过采访用人单位了解职业世界，模拟职场环境，了解职场素养。
- 岗位体验式实践——综合运用校内外平台资源，实战演练，提升战斗力。

项目组开展座谈会

（3）创新教学方法，推动内化。

- 柔性牵引。着力在语言、场景、内容等方面引起学生关注与共鸣，在氛围营造、内容的深入浅出上下功夫。

- 需求导向。面对不同的授课对象，针对不同的专业习惯，在表达方式、案例使用等方面进行 "语言转换"。

- 多维关照。课程采取 "小团队指导"（一个老师讲课、多个老师课堂辅导）的方式，满足学生的多样化需求。

三　应用情况

（1）学生个人素养全面提升。

- 提升观念。通过参与各项实践活动，学生更加积极主动地关注个人发展、注重职业规划，增进了个人使命感和社会责任感。

- 提升自信心。实践的训练和经验的积累，让学生的自信心得到进一步加强。

- 提升行动力。系列实践活动使学生的行动更加积极，更加有效。

- 提升竞争力。实践教学各个环节在提高学生就业能力的同时，促进了学生全面发展。

- 提升适应力。用人单位反映学生的素质高、态度好、情商高、适应快。

（2）课程教材及网络受到普遍好评，提升课程效果，扩大影响范围。

- 自编教材《大学生职业发展与就业指导》被天津师范大学等京内外十余所高校选用。

- 配合课程出版《成长 DIY——大学生职业规划自助手册》，现已被京内外十余所院校选用。

- 课程体系网站建立两年，内容逐渐丰富，访问量达 43000 余人次。

（3）培养了高质量的教学指导团队。

近几年，培养了 GCDF 职业生涯规划师 80 余名，国家高级、中级职业指导师近 40 人，KAB 创业指导师 4 人，信息分析师 1 人。

（4）全面推进学校就业工作，连年获得多项肯定。

2012 年获得"北京地区高校就业特色工作项目"建设立项，2011 年荣获"全国就业典型经验高校"称号，2010 年"大学生职业发展与就业指导"课程被评为国家级精品课程（全国本科高校中的唯一）。2009 年，荣获"北京地区高校就业工作先进集体"和"全国普通高校毕业生就业工作先进集体"的称号，受到诸多媒体的关注。2008 年，获批首批"北京地区高校示范性就业中心"，成为"北京高校到农村中小学支教工作先进单位"。

项目组合影

双语教学、探究实验与科研实践三结合，培养具有国际视野的创新型人才

印莉萍 许兴智 李 静 何奕騉 于 荣

一 成果主要内容

坚持以英语为主的"完全渗透型"双语理论教学、探究性实验教学以及科研实践三结合的模式，在首都师范大学生命科学学院开展"细胞生物学"的课程建设，使学生能够直接接触学科前沿知识和参与科学研究，有效开拓国际视野、提升自主学习和科研创新能力，充分体现实施本科教学质量工程的必要性。共获6项国家级奖，9项北京市级奖，主编（译）三部教材。

从2004年起我们采用"术语引导型"模式进行双语教学，2007年后逐步完成了以英语为主的"完全渗透型"教学模式的转变，2010年获批"国家双语教学示范课程"。

我们坚持将科研成果转化为实验教学的理念，为学生提供了解和接触先进技术的机会和平台；同时鼓励学生进入实验室开展科学研究、参加挑战杯等竞赛和国际学术论坛。为解决本科实验教学中"只唯师，不质疑；只按方抓药，不举一反三"的问题做了大量的尝试，实现了学生创新能力的真正提高。

二 创新点

第七届北京市高等教育教学成果一等奖——双语教学、探究实验与科研实践三结合，培养具有国际视野的创新型人才

（成果第一完成人：印莉萍）

细胞生物学具有知识更新快、国际通用性和可比性强的特点，采用"完全渗透型"的全英语授课为主、中文辅导为辅的双语教学极其必要。

探究性开放实验是迈入科研实践的重要环节，我们已经将独具细胞生物学特色的数个实验编入北京市精品教材《细胞分子生物学技术教程》中。

经探究模块训练的同学进入老师的实验室参加科研实践并完成毕业论文，缩短了学生进行基础实验技能的训练时间。在实验室，学生充分发挥其主观能动性，激发了探究科学的内驱力，提高了独立设计实验和解决实际科学问题的能力。

三 应用情况

1. 细胞生物学理论课程相关的应用

（1）有关"首都师范大学细胞分子生物学精品课"Google 搜索 40500 余项，"分子细胞生物学技术"Google 搜索 64600 余项。

（2）自2009年以来，"细胞生物学"相关诺贝尔奖的内容已经被应用到本校一年级本科生的通识课程中。

（3）自2012年春季开始，"细胞生物学"相关诺贝尔奖的内容已经被应用到北京外国语大学的1至3年级的通选课程中。

（4）自2009年《细胞生物学》出版以来，在全国十几所师范院校使用。

（5）组织学生完成了《癌症的分子基础》翻译工作。

2. 细胞生物学实验课程相关的应用

（1）2012年将两个成熟实验添加到丁明孝等主编的《细胞生物学实验指南》教材中。

（2）我校细胞生物学团队担负了两个视频的拍摄工作，即"激光扫描共聚焦显微技术"和"流式细胞仪的工作原理和应用"。

（3）印莉萍等主编的《细胞分子生物学技术教程》自2001年出版以来，已经在2005年和2009年再版三次。在全国近30所高校使用。2011年被评为"北京市精品教材"。

项目组合影

（4）近几年，本成果细胞生物学团队承担了北京城市学院生物技术系学生的细胞生物学和分子生物学实验的教学工作。

（5）先后接待过来自德国的数名学生及新疆师范大学、咸阳师范学院等院校的教师交流细胞生物学实验理念和内容。

3. 从课堂教学迈入科研实践的应用

（1）每年定期或不定期地聘请美国、德国、加拿大等国家和地区一些大学和研究机构的教学经验丰富的专家给本科生作讲座和报告。

（2）我们非常热心于鼓励学生参加学术活动。鼓励学生们积极参与讲座并与主讲者交流。

（3）通过系列教学及科研实践，本科生建立起了强烈的科研兴趣。大多选择在科研领域里继续深造。

以"质量工程"建设为契机，培养计算机师范专业高素质教育人才

吴敏华　关　永　张伟功　周丽娟　刘京锐

一　成果主要内容

（1）深化培养模式改革，建立了有效的计算机师范专业人才培养体系。建立"2+1+1"的人才培养模式、注重工程实践能力和教学技能培养，培养了一批具有较强实践应用能力和创新潜质的"讲得出，做得到"的计算机教育人才。

（2）建立了一套有效的质量控制保障体系。变被动学习为主动学习，制定一系列规章制度，保证了教学工作的顺利开展和有效实施。

（3）探索优秀教师培养新途径。教学团队和科研创新团队、实验教学示范中心和工程研究中心同步发展，同时聘请校外优秀教师培训青年教师、指导专业建设。连续三年获得北京市科学技术奖。

二　创新点

（1）形成了具有师范特色的"讲得出，做得到"的计算机教育人才培养

模式和课程体系。实施"2 + 1 + 1"的人才培养模式，培养师范生既有中学课堂教学能力，也有课外科技竞赛、课外实践活动的组织和指导能力。

（2）构建了培养高素质创新教育人才的多元实践平台。课内课外、学生科研创新实践活动和师范生教育实践活动有机结合，培养符合北京基础教育需要的高素质教育人才。

（3）提高师范生教育教学能力，探索并形成了服务首都基础教育的新模式。加强教育技能和课外实践活动指导能力的培养，四年来不间断地参与基础教育科技活动的开展，增强本科生进入重点中学的竞争力，2012 年签约率达到 100%。

三　应用情况

（1）建立了有效的人才培养体系。

（2）以国家级教学团队建设促进师资队伍建设，以精品课程建设带动精品课程群建设。

（3）科研与教学相互促进，教学与科研双双取得进步。

- 信息工程团队 2009 年成为国家级优秀教学团队；
- 关永教授 2010 年获得北京市教学名师奖；
- 计算机科学与技术专业 2011 年为首都师范大学重点建设专业；
- "高可靠嵌入式系统"科研团队 2008 年入选北京市学术创新团队，"高可靠嵌入式系统技术"2009 年获批北京市首批工程研究中心；
- "电子系统可靠性技术"2011 年获批北京市重点实验室；
- 2006 年至今，有 4 人入选北京市科技新星计划；
- 张伟功教授的"新型嵌入式三模冗余容错计算机"2010 年获北京市科学技术进步三等奖；
- 吴敏华教授 2010 年获得首都师范大学"十佳"教师称号。

（4）培养的学生得到社会认可，2012 年师范生签约率为 100%。

第七届北京市高等教育教学成果一等奖——以"质量工程"建设为
契机，培养计算机师范专业高素质教育人才

（成果第一完成人：吴敏华）

（5）学生实践能力得到较大提高。

- 2009 级学生谭旭参加 2012 年"全国软件专业人才设计与开发大赛"C
  语言程序设计，获全国一等奖；

- 2009 级学生魏炜参加第六届"全国信息技术应用水平大赛"Office
  办公自动化高级应用比赛，获特等奖；

- 2006 级学生何川参加第五届"博创杯全国大学生嵌入式设计大赛"，
  获北京市一等奖；

- 2007 级学生周松文参加"ITATJava 程序设计竞赛"，获国家级二
  等奖；

- 2008 级张扬等 4 位同学参加 2011 年"北京市挑战杯"，获一等奖；

- 2007 级杨钢等 3 位同学参加 2009 年第三届"全国计算机仿真大奖
  赛"，获全国一等奖；

- 2010 级郭琳珊、王子慧等 5 位同学参加 2011 年"SCILAB 竞赛"，
  获国家级二等奖

项目组合影

（6）发挥示范和辐射作用，赢得社会的良好反响。

- 举办 2011 年"高中教师新课程教学基本功展示活动"；
- 连续两年承办"北京市中小学生电子技术大赛"；
- 举办"全市中小学生机器人比赛"两次；
- 培训北京市中小学信息技术教师 437 人次；
- 成为首都师范大学附属中学拔尖创新人才的培养基地；
- 协助科技馆、中学组织各类学生科技活动；
- 学院成为中学的"拔尖创新人才校外培养基地"。

教学与实习平行推进模式：社会工作实务课程实践性教学平台的构建与应用

田国秀　范燕宁　席小华　明　艳　周锦章

一　成果主要内容

第一，课堂教学与课外实践结合。充分利用有限的课堂教学时间，注重对课程基础知识、基本理论、发展简史、运作原则与操作程序等内容进行分析讲解。配合社会工作专业进行平行实习，督促和鼓励学生积极利用每周一天的专业实习机会将课堂理论学习的收获运用于实践。

第二，学生自主与教师督导结合。教师利用课堂案例分析、课后小组练习、课外个别指导等方式，对学生进行专业督导。形成了课堂学习—课外实践—实习督导的有机结合。

第三，个别学习与小组学习结合。将全班学生分成 10 人左右一组，化解了班级较大难以催化的难题。每个小组学生接触机会增多，相互启发的机会提高。

第四，知识学习与情感体验结合。社会工作专业是一个高扬价值理念的专业，知识学习不是目的，在价值观上与帮助对象达成接纳、尊重、理解、关爱的人际关系，才能真正将帮助注入案主的内心，在案主的心灵上产生触动和变化。

第五，传统讲授与现代技术结合。利用社会工作专业实验室，支持案例模拟、角色扮演录像、录像回放、小组工作跟拍、小组工作展示、真实案例录像等一系列教学需要。为学生提供了练习、改进、完善、提高的机会。

二 创新点

第一，课内与课外同步推进。课内学习是实践性教学的基础，没有课堂学习积累的理论思考，社会实践将会流于形式，舍本逐末。实践性教学平台的搭建依赖社会工作专业实习，四年800学时的安排保证了每个学生每学期都有实习机会，达到了课堂教学与专业实习的平行推进。

第二，教师与学生建构学习。社会工作专业的应用取向要求教师、学生随时贴近实际，紧密联系社会，保持对社会的敏感与关注。为此，教师学生需不断讨论个案，跟进问题，自我反思，相互督导。

第三，个人与小组动力激励。之所以把个案工作与小组工作结合在一起，源于个人在小组中能够获得启发和激励，小组借助于个人的成长与表达，产生力量，促进智慧。

第四，知识、情感与行为整合发展。实践性教学平台架设起课堂学习

2008年北京市高等教育教学成果二等奖——教学与实习平行推进模式：社会工作实务课程实践性教学平台的构建与应用

（成果第一完成人：田国秀）

项目组合影

与社会实践两个学习环节，使学生在知识学习的同时，体验现实、关注问题、接触案主，由此带动学生的情感体验和情绪反应。

三　应用情况

第一，具有了较为成熟的专业实习模式。现已初步形成了课程教师—实习指导教师—研究生—本科生一体的实习梯队，实行老师带学生、研究生带本科生、老生带新生的运作模式。保证年年有实习，届届有学生，不断滚动，年年深化。确保"实务教学"成为持续的、长效的，研究性和探索性相结合的办学特点。

第二，初步形成了品牌项目。已经形成两个专业实践品牌："中学生心理成长团体辅导"和"问题青少年心理矫正项目"。

第三，搭建了稳定的实习基地。已经合作建设挂牌实习基地20多个，其中十多个主要开展学校与青少年社会工作方面的实践教学、专业实习与课题合作研究。

第四，促进了学生就业与专业成长。目前已有的三届毕业生中，进入专业实习机构的学生占有相当的比例，在促进大学生就业方面取得了不错的成效。

第五，取得了丰富的研究成果。近5年来，社会学与社会工作专业教师在学校与青少年社会工作领域承担北京市教育科学规划课题2项，北京市教委课题2项，横向课题5项，国际合作项目2项，公开发表学术论文60多篇。

高师院校实践教学管理机制探索

康丽颖　佟庆伟　宫辉力　王德胜　徐玉珍

一　成果主要内容

从 2003 年开始,首都师范大学开展了"高师院校实践教学管理机制"的研究,力求以此项改革带动教师教育课程的重构,促进教师教育专业建设,全面提高教师教育专业的人才培养质量。

本项目启动以来,我们首先发挥大学学术研究的优势,开展实践教学管理理论研究。我们认为师范专业的实践教学管理不仅仅包括实习见习基地的建设、具体课程实施环节的管理,还包括大学教师教育课程设置组织与管理、大学教师教育工作者队伍建设、大学教师教育课堂教学管理、大学教师教育专业学生学习过程和学习结果管理。鉴于以上的认识,我们具体开展了以下几个方面的工作。

(1)加强理论建设:重新理解实践教学与管理。

通过完善服务功能,明确实践教学管理定位;依托专业建设,开展实践基地建设;通过教师队伍建设,开展实践教学等探索,逐渐形成了关于实践教学管理系统的理论表达。

2008 年北京市高等教育教学成果二等奖——高师院校实践教学管理机制探索
（项目组合影）

（2）搭设实践教学平台：推进教师教育课程的重构。

实践教学改革的探索是与教师教育课程的重构同步进行的。新的教师教育课程设置在适当增加课时的基础上，通过加大课程结构的改革，增设实践环节的教学，提高了课程的实效性。

（3）走进基础教育现场：在实践中学会做教师。

2003 年"师范专业实践教学管理机制的探索"项目启动以来，已有六届两万多人次的不同院系、不同专业的本科生进入中小学校开展四个主题明确的教育见习和实习活动。

（4）在实践中成长：通过实践教学带动专业建设。

通过实习，唤醒教师教育专业学生的"师生"双重角色意识，培养教师教育专业学生的教育实践智慧和能力，在基础教育的实践中培养新型教师。

二　创新点

（1）形成系统化的实践教学管理理论表达。

通过实践探索，开发出在国内外学术界有重要影响力的研究成果。同时注重将科研成果转化为教学成果，改善教师教育工作者的专业生活方式，提高教师教育专业人才培养质量。

（2）构建实践取向的教师教育课程。

突出实践取向。注重教育理论学习与实践运用的结合，注重在实践中的亲历与体验，注重在中小学真实情景中学习教师教育课程。

（3）开发优质实践教学资源。

通过组建特级教师研究院，加强实习基地校建设，进一步完善职前职后一体化的教师教育实践教学。

教学成果奖荣誉证书

三　应用情况

（1）实践教学管理机制探索具有创新性。特别是"依托专业建设，开展实践基地建设"以及"通过教师队伍建设，开展实践教学"取得了卓有成效的实践成果。

（2）本项目实施以来，已经有五届5997名学生受益。学生们认为实践教学让他们体会了"教师"的含义，较早地确立了自己的职业生涯发展，缩短了入职的适应期。

（3）实践教学管理理论自成体系，产生了较大的学术影响。先后在《教育研究》发表学术论文30余篇，并出版了《教师教育课程重构：理论与实践》等学术专著，引起国内同行的广泛关注。

（4）教育理论工作者回归基础教育实践、开展实践教学研究，产生了较大的社会影响。自2003年以来，先后有《光明日报》《中国教育报》等多家媒体对此进行报道，产生了很大的社会反响。

比较文学专业的人才培养模式
创新及实践

林精华　易晓明　李冰梅　吴康茹　尹文涓

一　成果主要内容

在中国日益融入全球化的 20~21 世纪之交，传统中文专业人才培养模式遭遇严重挑战。各高校中文系困惑于如何在知识结构更新、创新能力提升等方面造就新时代专业人才。首都师范大学率先在外国文学教研室基础上成立了中国大陆第一个比较文学系（1999 年建制），2002 年被确立为北京市品牌建设专业、北京市重点建设学科，并开始招收本科生，2008 年被学校确认为中文专业有特色的方向之一。8 年建设，建立了从本科生到研究生、博士后的完整培养建制。这种人才培养模式始于本科阶段：招生、培养和毕业各环节上实现中文专业人才培养模式的成功转变！

第一，招生环节进行"一种创新"：变文科招生为文理科兼收。

吸引了大量优秀的高中毕业生。从第二届招生之后，录取分数线迅速攀升，很快成为首都师范大学招生分数前三名、文学院第一名的专业，且连续五年保持这种态势。

第二，培养过程实现"两个转变"：变汉语言人才为双语人才。

（1）人才培养理念由"以中国眼光看世界"转为"以世界眼光看中国"；

（2）具体操作变"在中文系办汉语言文学专业"为"在学校办汉语言文学专业"。

第三，创新人才培养模式产生"三大出色成果"。

（1）出色的英语能力；

（2）出色的就业质量；

（3）出色的研究生录取率。

第四，教师队伍出现"四种积极转变"。

（1）教师构成从中文教学队伍转变为双语教学团队；

（2）教学团队由教学型转向科研教学型；

（3）在提高教学水平方面，从依据大纲转向借助教改项目；

2008 年北京市高等教育教学成果二等奖——比较文学专业的人才培养模式创新及实践（项目组合影）

（4）在教改方面，从满足于国内教材转为放眼世界。

二　创新点

第一，提升学生专业能力的课程体系三种创新。

（1）变学校公共英语为提高专业英语；

（2）改造传统中文系课程体系为汉语言文学专业核心课程；

（3）增设系列且配套的比较文学专业核心课程。

第二，进行学科转型的五个层级专业建设创新。

（1）借助文学院改造外国文学教研室契机进行学科改制；

（2）通过学校进行人才资源整合和课程体系创新的专业建设；

（3）依托北京市品牌专业和学术研究，提升比较文学系的学术实力；

（4）面向全国，提高专业建设的社会贡献力；

（5）放眼国际，强化本专业参与全球教育变革和学术发展。

三　应用情况

第一，课程体系创新取得了五个触手可摸的成效。

（1）课程体系深受欢迎；

（2）课程质量切实提高；

（3）学生外语能力和国际视野得到提升和拓展；

（4）文学院考研状况得到了结构性改变；

（5）创建了独特的比较文学专业培养体系。

第二，专业建设取得五种切实提升水平的成果。

（1）把学科成功改造成专业——通过引进外语文学专才，改变中文系外国文学学科，使之成为高职称、高学位、高学历、高效的科研教学型团队；

（2）经由学术研究提升专业水平——本学科先后承担国家哲学社会科学基金项目 2 项、教育部和北京市项目 12 项，发表专业论文超过 150 篇，出版专著 10 部、译著 8 部，获北京市哲学社会科学奖 2 次，这些学术成果客观上显示出我们的学术特色；

（3）经由教改提高课程体系质量——本学科 7 位教师主持不同性质不同级别的教改项目，多有实际成果；

（4）锻造出人才培养的独特基地——比较文学系已成为吸引全国优秀本科毕业生、优秀硕士报考比较文学与世界文学专业硕士生、博士生的基地及吸引国内外著名学府博士来从事博士后研究和寻求发展的学术基地；

（5）成为社会认可的创新型专业——对传统中文专业人才模式进行改造，成就了中国比较文学与世界文学学科在专业层面上进行的制度创新，成为全国少有的既在研究生层面又在本科层面培养创新型人才的成功试验，同时，课程体系创新使学校成为中国高教学会外国文学专业委员会常务理事单位。

教学成果奖荣誉证书

中国工笔画团队建设与
工笔画教学体系研究

韩振刚　孙志钧　韦红燕　白　雁　王海滨

一　成果主要内容

1. 出版教材、专著、论文

中国工笔画已有两千多年的历史，对传统工笔画教学的当代性研究与转化研究是非常有价值与意义的课题。在当前大力弘扬民族文化和重视文化建设的大背景下，本项目通过研究中国传统工笔画的价值及其向现代形态转变的实践意义，认真梳理工笔画发展脉络，探索其在现代发展的诸多可能，引领了工笔画创作与教学在现代的健康多元发展，建立了全新的教学体系。

通过进行工笔画创新团队的建设，以及对工笔画教学体系的重新思考，我们编写了一套（共九册）高水平的工笔画教学系列丛书。其间取得的成果有：荣宝斋出版社出版教材 9 本，权威期刊发表论文 3 篇，专著 3 本，获奖 1 次。

2. 创作研究成果

当前的工笔画创作是以个体研究为主要特征的，因而工笔画教学也是以个人经验来传授的，在一定程度上影响了工笔画的多元化发展。2005 年美

2008年北京市高等教育教学成果二等奖——中国工笔画团队建设与工笔画教学体系研究（项目组合影）

术学院创建了工笔画创作与教学创新团队。团队成员在中国美术馆举办展览1次，作品参加国家级展览9次；省部级展览45次；主办、承办了较有影响的全国性工笔画展览十余次；团队成员3幅作品被中国美术馆收藏；权威期刊发表作品36幅（篇）；核心期刊发表作品45幅；其他杂志及画册发表作品300幅；其他期刊发表作品300幅（篇）；获奖2次；独立举办全国性以工笔画教学与创作为主题的研讨会2次。

二　创新点

1. 以团队建设带动新时期的教学发展，以教学实践完善团队建设

2005年美术学院创建了工笔画创作与教学创新团队（为北京市创新团队）。教师既做新时代的高素质名师，又做新时代的高专业水准的名家，这种以团队形式对工笔画进行整体、系统的理论研究及创作研究，通过群体方式在现代工笔画创作上体现其社会价值，所形成的整体效应对现代中国工笔画及中国文化发展产生了积极意义。

2. 整合资源促进新的工笔画教学体系形成

本项目通过研究中国传统工笔画的价值及其向现代形态转变的实践意

义，认真梳理工笔画发展脉络，探索其在现代发展的诸多可能，引领了工笔画创作与教学在现代的健康多元发展，建立了全新的教学体系。

3. 应用情况

通过进行工笔画创新团队的建设，以及对工笔画教学体系的重新思考，2007年由荣宝斋出版社出版了首都师范大学美术学院教师工笔画创作与教学研究丛书，全书共九册，由书店面向全国发行，影响广泛，获得了2008年首都师范大学校级优秀奖。团队独立举办展览，主办、承办了较有影响的全国性工笔画展览十余次。

美术学院美术教育实验教学中心是北京市级实验示范教学中心，其中设有工笔重彩材料研究实验室，该实验室为本科生、研究生以及外地高校教师的培训和面向社会的高级研修班等多层次工笔画人才的培养做出了重要贡献。

这种以团队形式对工笔画进行整体、系统的理论研究及创作研究，通过群体方式在现代工笔画创作上体现其社会价值，其所形成的整体效应对现代中国工笔画及中国文化发展产生了积极意义。同时，其成果在本科教学实践中的运用对中国美术教育、中国工笔画教学的多元化发展起到了重要的促进作用。

教学成果奖荣誉证书

基于学生创新能力培养的化学（师范）专业实践教学体系构建与实践

周荫庄　张卓勇　朱若华　谷学新　马占芳

一　成果主要内容

（一）创新强化实践教学环节的化学（师范）专业培养方案——"5 + 3培育模式"

对于本科生的学习，前5个学期以系统的理论学习和基础实验教学为主，后3个学期以实践能力训练和选修课为主。学生根据各自的情况和兴趣，在第6学期即可自主申请科研立项获得开放基金，或者进入教师的科研项目开展研究创新实验。

（二）创建一级学科平台上的"四位一体、四阶段、三层次"实践（验）教学体系，并以此组织实施教学

将四年培养方案中的实践（验）教学全部内容——"课堂实验教学—课外科研项目实践—专业实习—毕业论文（设计）"——形成统一的整体，进行总体设计，即"四位一体"；再根据对本科生四年实践（验）教学过

程的培养重心将其分为四个阶段：基础化学实验阶段、中级化学实验阶段、设计与研究性实验阶段、化学（师范）专业职业技能训练阶段；"三层次"是指按三个层次开设实验，即基础性实验—提高与综合性实验—设计与创新性实验。

（三）教育实习新模式的构建与实践（内外联合共同培养，两个系列三个阶段）

1. 教育实习新模式构建与实践的指导思想

"充实教育实习内容、拓展教育实习空间、增加教育实习功能、吸纳优秀中学教育资源参与到师范教育专业建设中来，以教育实习为重点，联合实习基地学校共同完成对本科生就业前的培养。"

2. 建设高质量兼职导师队伍，建立联合组织教育实习运行机制

聘请中学教学主管、化学特级教师、区县专职教研员作为化学（师范）

2008 年北京市高等教育教学成果二等奖——基于学生创新能力培养的化学（师范）专业实践教学体系构建与实践（项目组合影）

专业本科生的兼职导师，共同完成关键阶段对本科生的培养与教育工作。

3. 拓展教育实习的空间与时间，形成专业特色（两系列，三阶段）

"两系列"为：在赴实习学校开始实习的前一学期，在我校内针对实习生即将发生的角色转变，开设专题系列讲座和微格教学模拟中学课堂教学活动。在实习生完成中学实习回到我校后，安排兼职导师就如何评价一节好的化学课、如何做好就业应聘试讲和把握自己在应聘中的表现等有针对性的系列专题讲座。

三阶段指将教学计划中的教育实习延伸为教育实习前＋教育实习＋教育实习后三个阶段。增加了教育实习的内涵和外延。

二 创新点

（1）基于对学生创新能力的培养，整合大学培养方案中所有实践教学环节，作为学生创新能力培养的系统工程进行一体化［"四位一体"：课堂实验教学—课外科研项目实践—专业实习—毕业论文（设计）］整体设计，创新实践教学体系，循序渐进地、有计划地实现大学生创新能力四年全程连续

教学成果奖荣誉证书

不间断的培养。

（2）革新教育实习模式、充实教育实习内涵、拓展教育实习时间和空间、建立稳固实习基地、整合中学优质师资、培养学生从业能力和修养职业人格。

三　应用情况

（1）2003年培养方案中已初步形成"5+3培育模式"，2007年修订培养方案中进一步完善和强化。

（2）2005年创新建立"四位一体、四阶段、三层次"实践（验）教学体系，并以此组织实施教学，为培养具有较强动手能力和创新能力的化学中学师资、专业技术人才提供有效、可操作途径。

（3）2005年完成教育实习新模式的构建与实践（内外联合共同培养，两个系列、三个阶段），并以此组织教育实习工作。

地方性师范院校生命科学本科实践教学体系的重构

何奕騉　杨志伟　范　黎　刘家熙　刘晓晴

一　成果主要内容

生物学是一门建立在实践基础上的学科，要理解生物学，应该从实践开始。我们认为，我院（其他地方性师范院校可能多有类似情况）培养的本科生的薄弱环节是实践能力（实验和科研能力）和创新能力不强。为解决这一问题，我们在广泛调研的基础上，对原有实践课程体系进行深入剖析，提出实践教学的改革思路，建立并实施了"课堂实验教学—课外科研立项—专业实习"三位一体的实践教学体系，使得我院实践教学面貌焕然一新，教学质量得到明显提高。该实践教学体系的主要结构和功能叙述如下：

1.课堂实验教学体系（分层次教学）

第一层次：基础性实验（必修），开设植物学实验、动物学实验、微生物学实验等实验课程。

第二层次：综合性实验（必修），开设生物技术综合大实验，围绕基因的克隆、表达，植物和动物转基因技术设计一系列实验内容。

第三层次：应用性实验（选修），包括高级科研技术和实用技术两个系列。

2. 课外科研立项

迄今我院已有 5 届、共约 82% 的本科生参加到科研实践中，学生的科研意识和实践动手能力均有大幅度提高。

3. 专业实习

我院充分利用北京市科研院所众多生物技术企业较为发达的资源优势，先后与 20 余家事业单位和企

2008 年北京市高等教育教学成果二等奖——地方性师范院校生命科学本科实践教学体系的重构

（成果第一完成人：何奕騉）

业签订了专业实习基地协议书，保证了学生开展校内与校外、国内与国外多方结合的教学与科研实践活动。

二　创新点

我们提出并实践了"三个创新"作为实践教学体系改革的具体内容。

（1）办学模式创新："2.5 + 1.5 模式"，即前 5 学期以系统的理论学习和基础实验教学为主，后 3 学期以选修课和专业实习为主。

（2）实践体系创新：建立相对独立的、不同层面、不同板块实验室（基础实验室、专业实验室、科研实验室）以及专业实习基地，形成"课堂实验教学—课外科研立项—专业实习"三位一体的实践教学体系。

（3）管理体系创新：建立网络化实验教学和实验室管理信息平台，实现

项目组合影

了中心资源信息公开、试剂耗材统一采购和管理、仪器设备的调配和实验室开放，形成一整套完善的实验教学质量监控和保障体系。

三　应用情况

实验教学改革，在人才培养方面已取得重大效益。2005年，我院被评为北京市首批"生物实验教学示范中心"。近5年本科生共发表论文30余篇，其中在核心期刊上发表十余篇，被SCI收录3篇。出版实验室开放基金论文集三册，每册中有我院本科生论文6~7篇。学生参加各种科技竞赛多次获奖。近四年来，毕业生考研录取率平均达30%以上，其中近50%的学生考取权威科研院所和重点综合性大学的研究生，出国深造的学生比例也逐年增加。

近五年，我院教师承担了市级、校级的教改项目 20 余项，发表教改论文 40 余篇，出版了《遗传学实验》《生态学实验》《细胞分子生物学技术教程》等实验教材，自编实验讲义 9 本，制作实验教学多媒体课件 14 门，获市级、校级成果及各类教学奖励 30 余项。

近年来，我院接待了北京师范大学、东北师范大学、上海师范大学、河南大学、山东师范大学、暨南大学、华南师范大学、陕西师范大学、河北师范大学、辽宁师范大学、安徽师范大学、山西师范大学、徐州师范大学、西华师范大学等近 20 批次兄弟院校的来访、参观、学习，起到较好的示范和辐射作用。

强化技能训练，提高信息类
师范生培养质量

吴敏华　骆力明　朱　虹　徐克强　葛庆平

一　成果主要内容

信息技术的飞速发展和北京基础教育的现状促使我们不断更新教育理念、改革教学方法、探索新的人才培养模式。已经完成的主要教学成果体现在以下几个方面。

第一，科学设计课程体系，牢固专业基础，突出技能训练。将专业课程分为专业基础课程、专业必修课程（核心和专业方向必修）、专业方向课程和实践能力培养课程，在专业基础课和专业必修课的基础上，设置实践能力培养课程和技能培养课程，加强课程建设、教材建设及师资队伍培养。

第二，创新能力培养。通过各类学生科研项目和各种竞赛促进学生创新能力培养和专业技能训练。有 70% 以上的学生参加各类科研项目，促进学生创新能力培养。实现师范技能"五个一"培养：做一个课件、做一个网站、讲一堂好课、编辑一段录像、做一名网管。

第三，拓展实习内涵。通过指导中小学学生参加各种信息技术比赛、规划和管理中小学的实验室、制作自主学习网站、机器人比赛裁判等内容，大大拓展学生的实习内容。

第四，通过"照镜子"工程，提升学生的研究能力。老师带着学生设立的一个个来源于现实的课题，从研究内容的提出，到研究方法、研究过程让学生体验发现问题、解决问题的过程和方法。

二 创新点

2008 年北京市高等教育教学成果二等奖——强化技能训练，提高信息类师范生培养质量

（成果第一完成人：吴敏华）

（1）确定"五个一"工程为计算机科学与技术师范专业必备的技能：做一个课件、做一个网站、讲一堂好课、编辑一段摄（录）像、做一名网管。

（2）教育实习、专业实习与专业技能相结合。利用所学技能为北京的基础教育服务。

（3）专业技能训练与创新能力培养相结合。本科生考勤管理系统、毕业设计管理系统、专业实习管理系统都产生于学生科研立项、实验室开放基金和学生科研与创业行动计划。

三 应用情况

（一）师范生培养方案得到了修订和完善

（1）从 2003 级开始，学生培养方案中加入了程序设计实践、数字系统设计、网络设计与管理实践等实践类课程；

（2）在 2005、2006 级学生培养方案中增加了更多综合实践课程；

（3）在 2006 级方案中加入通用技术课程，以培养更符合北京市基础教育的教育人才。

（二）课程建设和教材建设取得一定成果

（1）"电路分析" 2007 年被评为北京市精品课程；

（2）"面向对象程序设计""智能信息获取技术" 2008 年被评为北京市精品课程；

（3）"操作系统"等 6 门课程为首都师范大学精品课程，"单片机与接口技术实践"等 10 门课程为首都师范大学优秀课程。

（三）实施"照镜子"工程

利用信息技术和计算机网络，带领学生研究了以下课题：

（1）大学生的学习习惯与学习方法研究；

（2）考试诚信问题研究；

（3）学生创新能力培养方式方法。

（四）学生创新能力得到提高

（1）2004 级学生张璋在大学一年级获全国 ITAT 技能大赛 C 语言组二等奖；

（2）2004 级李洋、关海波在全国 Sun Microsystems Inc. 创新杯大赛获二等奖（一等奖空缺），2006 级梁旭获三等奖；

（3）参加北京市电子设计竞赛，多次获得二等奖和三等奖；

（4）2006 年度参加全国数学建模竞赛，荣获国家级一等奖。

（五）学生的师范技能得到了提升

（1）由学生设计和制作的课件在首届北京市多媒体课件大赛中获得一、

项目组合影

二等奖；

（2）学生利用教育实习、专业实习，指导中小学生参加各种信息技术比赛，多个获奖；

（3）参与中学计算机机房及网络的设计、管理、维护。

深化实践教学改革，构建五层次"双师型"人才培养体系

关　永　吴敏华　李志平　刘丽珍　石长地

一　成果主要内容

本成果以北京市教改立项资助项目研究为基础，以深化实践教学改革为平台，以提高本科教学质量为主线，在国内首倡并建立了由专业教师、交叉学科教师、特聘及讲座教授、校外实习基地技术专家、国际校际合作单位共同协作的五层次"双师型"人才培养体系。

（一）深化实践教学改革，创新人才培养体系

（1）构建五层次交叉复合的"双师型"人才培养体系。

我们开创性地提出并建立了五层次交叉复合的"双师型"人才培养体系：

- 专业基础理论知识与实践环节培养由本专业专职教师负责。
- 交叉学科理论知识与信息学科的应用环节培养由校内交叉学科专职教师负责。

- 学科前沿知识培养由校外研究机构特聘教授、讲座教授负责。

- 专业实习、部分课外科研项目及毕业设计培养由校外研究机构、世界一流企业的高级工程技术专家负责。

- 积极开展国际校际学术和文化交流与合作培养，拓宽学生国际视野。

2008 年北京市高等教育教学成果二等奖——深化实践教学改革，构建五层次"双师型"人才培养体系

（成果第一完成人：关　永）

（2）推进实践教学，培养学生的主体意识和创新实践能力。

形成了"一个注重""两个突出""三个结合"的实践教学改革思路：

- 注重教师在实践教学中的组织和指导作用。

- 突出学生主体学习能力的培养，突出实践教学方法的设计。

- 基础实验与信息技术探索研究相结合，教师科研与培养学生综合实践能力相结合，创新实践教学与社会服务相结合。

（二）教学改革成效

（1）形成了以计算机科学与技术专业为市级特色、以软件工程和智能科学与技术专业为重点、以校内外交叉学科联合为战略的协调发展格局。

（2）以精品课程与精品教材带动课程建设工作。

（3）积极组织和指导学生参加各种形式的科研及竞赛活动。

（4）迄今为止，培养的学生已占北京市 1500 所中小学信息类师资的 52%，他们为首都的基础教育做出了重要贡献。

（5）以研促教，获国家科学技术进步二等奖 1 项，获国家技术进步三等奖 1 项，获得省部级科技成果奖 13 项。

二　创新点

（1）在国内首倡并建立了由专业教师、交叉学科教师、讲座教授、校外实习基地技术专家、国际校际合作单位共同协作的五层次交叉复合"双师型"人才培养体系。

（2）形成了"一个注重""两个突出""三个结合"的实践教学改革模式，提出解决了工科非师范生工程创新能力培养的新举措。其中，"电路分析"课程获批国家级精品课程，实现全国百余所师范院校电气信息学科国家级精品课程零的突破。

（3）注重师范院校的办学定位，人才培养的特色与示范作用凸显。破解

项目组合影

了多年来师范生培养的"讲得出，做不行"难题，为北京培养了一大批基础教育的特级教师、学科骨干。

三 应用情况

（1）五层次交叉复合的"双师型"信息类人才培养体系使学生科学研究和社会实践取得显著成效。

（2）积极开展实践教学改革，培养学生的创新思维和工程能力。

2004 年以来学生参加教师科研项目和实验室开放基金项目达 231 项，参加国家级、北京市级及校级各类竞赛 163 项，获得国家级竞赛奖 23 项，北京市级竞赛奖 100 余项。

（3）注重师范院校的办学定位，人才培养的示范作用凸显。

迄今为止，培养的学生已占北京市 1500 所中小学信息类师资的 52%，为首都的基础教育做出了突出贡献。

新时期思想政治理论课教学体系研究

李松林　叶险明　赵军华　刁永祚　史桂芳

一　成果主要内容

（一）坚持以科学发展观为指导，更新教学理念

（1）实施新课程改革方案，教师是关键；

（2）更新教学观念、提高创新意识，是重新构建思想政治理论课教学新体系的前提和关键；

（3）构建新的教学体系要有新的要求；

（4）构建新的教学体系要有新的原则。

（二）注重新时期思想政治理论课教学规律与教学模式的研究

（1）把体现马克思主义要求的课程体系转化为教学体系的规律；

（2）把思想政治理论课程教学内容转化为大学生内在思想政治素质的规律；

（3）以知识教育为依托，以能力培养为原则，促进科学价值观的形成和发展；

（4）"两个课堂"和"两个队伍"相结合的德育规律；

（5）根据思想政治理论课的课程特点构建思想政治理论课的教学模式。

（三）进一步加强学科建设，为加强和改进思想政治理论课提供有效支撑

（四）要突出研究新时期思想政治理论课程教学方法体系

（1）以精品课建设为重点，从整体上推进思想政治理论课教学；

（2）关注学生思想脉搏，凸显思想教育功能，坚持"四性"教学；

（3）强化实践教学，不断开拓培养创新人才的有效途径；

2008 年北京市高等教育教学成果二等奖——新时期思想政治理论课教学体系研究

（成果第一完成人：李松林）

（4）深入探索教学评价体系，切实增强教学的实际效果。

二　创新点

（1）提出构建新时期思想政治理论课教学新体系的前提和关键是以科学发展观为指导，更新教学观念、提高创新意识。

（2）探索新形势下思想政治理论课的十种教学模式，深化对新四门思想政治理论课教学规律的研究，提升新四门思想政治理论课的教学品质。

（3）强调以精品课建设为重点、以学科建设为支撑，建设网络教学平台，从整体上推进新四门思想政治理论课教学体系的构建。

（4）关注学生思想脉搏，凸显思想教育功能，坚持"四性"教学，使新四门思想政治理论课教学更具有针对性与实效性。

（5）深入探索新四门思想政治理论课的教学评价体系，规范与完善思想政治理论课教学。

三　应用情况

（1）建立北京高校思想政治理论课教学研究基地网站。

（2）主持教育部新时期思想政治理论课教材的配套教参建设课题。

（3）主持召开"第一届全国思想政治理论课教学体系研讨会"。

（4）召开中共十七大报告与思想政治理论课教学研讨会，举行大学生学习中国共产党十七大知识竞赛。

（5）在 2006 年"毛泽东思想概论"课被评为市级精品课的基础上，"毛泽东思想、邓小平理论与'三个代表'重要思想概论教学研究"课被评为市级精品课。

项目组合影

（6）主持了北京市思想政治理论课教学基本功大赛。

（7）主持制作的"中国近现代史纲要"和"毛泽东思想、邓小平理论和'三个代表'重要思想概论"课程 PPT 课件直接服务于教学，并发至北京每一所高校。

（8）李松林、赵军华分别参加了教育部"精彩一门课"的录制；赵军华参加了教育部主持的"思想道德修养与法律基础"的编写工作。

（9）马克思主义教育学院 5 次在教育部"思想政治理论课主任与骨干教师培训班"和北京高校"思想政治理论课负责人会议"上介绍新四门思想政治理论课教学改革经验，推广我们的成果。

（10）4 次以北京高校思想政治理论课教学研究基地的名义讨论新四门思想政治理论课教学改革情况。

面向首都，凸显创意——跨学科背景下文化产业人才培养模式探索

包晓光　李　艳　陶东风　徐海龙

一　成果主要内容

1. 因"地"制宜

根据中国语言文学学科与汉语言文学专业传统优势教学资源，与北京人文、社会、自然资源相结合，确定"差异化"发展路线，将"文化创意"作为本专业人才培养的特色追求。

2. "立体"与"平面"结合

"立体"：一年级，培养学生的专业兴趣；二年级，开设实验方法课；三年级，分板块开设不同主题实验课；四年级，利用校内外实习基地为学生提供实践操作平台。

"平面"：指为学生提供多样化的实践平台。

3. 以课程为中心搭建教学平台

"文化产业管理专业本科教学平台"打破了传统的院系与教研室的行政

架构，促进了不同学科（文学、法学、经济学、艺术学、新闻传播学、管理学等）间的融合。

二　创新点

1. 明确"差异化"与"特色化"的人才培养理念

与其他高校同类专业相比，将"服务首都，凸显创意"作为人才培养特色，将专业与学科建设同首都文化创意产业建设密切结合；依托本校传统人文学科优势资源，通过搭建多个合作平台，打造人才培养优势。

2. 施行"人本化"与"精品化"的人才培养策略

采用本科生导师制，学生自入学到毕业均由固定教师一对一指导，缩短了对专业的"茫然期"，尽快进入专业学习状态。

3. 在学校学院"教学双推进"重大教改项目中营造良好的教学研究氛围

团队教师人均教改项目立项、教改论文发表数量均居学院前列；学生科研立项及获奖数量居学院前列；通过教学改革与科学研究，不断推动专业建设。

第七届北京市高等教育教学成果二等奖——面向首都，凸显创意——跨学科背景下文化产业人才培养模式探索

（成果第一完成人：包晓光）

三　应用情况

（1）应用于教学实践，通过课程建设、指导学生科研与创业项目、组织学科竞赛等方式，不断改革完善教学模式，有效地提升了学生的专业实践能力。

①在课程建设方面。2009年将"项目创意与策划""文化艺术经纪人"调整为实验课。2010年，"项目创意与策划"被评为校级优秀课程。"项目创意与策划""文化艺术经纪人"等课程与自办的"首师创意网"相结合，为学生提供了校内课程实践的良好平台。

②在指导学生科研与创业项目方面。2009年以来，本团队共指导的本科生科研项目中国家级项目4项，北京市项目9项，校级项目40项。

③在组织学科竞赛方面。连续两次主办首都师范大学文学院大学生文化创意大赛。

（2）应用于实践基地的建设，围绕培养目标，推进形式与内容的创新，通过校内外实践、实习基地的建设，为学生搭建良好的实践平台。

校内，搭建文化产业模拟实践运营平台。开通了"首师创意"网站；2011年11月，开通"首师文化产业"微博，为师生的即时信息交流、专业互动搭建了又一平台。

校外，自2009年以来，与国家广电总局、中国电视剧制作中心、新华社、通州区、西城区等建立合作关系，为学生专业实习搭建平台。

（3）教学研究的系列成果引发学界关注与

项目负责人开展座谈会

项目负责人开展学术论坛

思考。

完成市、校、学院三级教学研究项目，出版学科建设和人才培养研究报告、专业核心课教材及《燕京创意文化产业学刊》，发表教学研究论文，发起"首都文化创意学者沙龙"，接受电视台、电台、杂志、报纸等媒体的采访，引发高校相关专业、政府部门及业界对文化产业人才培养问题的关注与思考。

突出专业特色，培养师德好、能力强的小学教师

王智秋　刘　慧　方煜东　朱希建　崔增亮

一　成果主要内容

（1）研制并实施了"重师德、强能力"的小学教育专业人才培养方案。在全国率先研制出核心课程体系，强化师德教育板块，设计"主教 + 兼教"课程方案。

（2）构建并实施了1~4年全程教育教学能力培养体系。建立了151个实践基地，实施教育见习、实习、研习三层面的实践活动；开放35个实验室，培养学生创新精神与动手能力；形成多元立体互动的本科生教育研究能力培养模式；成立小学教师教育教学能力实训基地，通过校园文化活动实现能力的自主培养。

（3）形成了一支致力于小学教师培养事业的专业教师团队。以培养优秀小学教师为共同价值追求，创造性地开展多学科交叉领域的合作研究，为专业建设提供了强有力的学科支撑。

社会影响不断扩大，毕业生质量得到一线小学的高度认可。改革招生面试模式，由高考后改为报考志愿前，增加"心理测试"；近三年毕业生的签约率在95%以上。

二　创新点

（1）研制并实施了"重师德、强能力"的小学教育专业人才培养模式。在理念上体现了我国《小学教师专业标准》的精神，在思路上瞄准了专业发展的前沿，在方法上借鉴了国内外小学教育专业建设经验，在目标上符合了北京地区小学教育的需要。

（2）确定与实施了小学教育专业的课程体系。为全国小学教育专业提供了可以借鉴的范本，并成为教育部制定政策文本的主要依据。

第七届北京市高等教育教学成果二等奖——突出专业特色，培养师德好、能力强的小学教师

（成果第一完成人：王智秋）

（3）研制并实施了小学教师教学能力培养的"主教＋兼教"模式。在保持原有专业方向的基础上，增设了13个兼教方向，并设置各10个学分的专业方向课程。

（4）实施了"4+6""农村校+城区校"接力式教育实践模式。

（5）注重本科生教育研究能力的培养。

三　应用情况

（一）人才培养方案在三年的研究及实践中不断完善，被全国 30 多所院校的小学教育专业采纳、借鉴

1. 指导了小学教育专业的课程教学

2009 年研制的本科人才培养方案，适用于 2010 级学生。依据人才培养的宗旨与课程方案，在教学设计中采取理论学习、案例讨论、与一线实践相结合的师生互动方式。

2. 为全国小学教育专业核心课程设置提供借鉴，成为教育部制定有关小学教师教育政策的主要依据

经过理论研究和实践探索，构建了小学教育专业的核心课程 11 门。此方案成为教育部制定"小学教育专业规范"政策文本及教育部"小学教师教育课程资源建设"的主要依据。

项目组合影

3. 进一步彰显了小学教师的综合性特点，弥补了目前小学教育中"小学科"教师培养的匮乏

2010 年人才培养方案将小学教师教学能力的培养落在实处，即要求每个学生在自己的主教学科以外还要有 1 ~ 3 个兼教学科。

（二）毕业生质量得到一线小学的高度认可

2003 年至今的 10 年间我院培养了 4100 余名本科生，99% 的学生在一线小学工作，其中，北京各小学名校始终把我们的毕业生作为他们的首选。

（三）社会影响力不断扩大，承担多项教育部研究项目和重要工作

2010~2012 年，受教育部委托，研制了我国《小学教师专业标准》《标准解读》和《小学教育专业规范》；2011 年，受教育部委托，主编全国教师资格考试用书一套；2010 年，教育部小学教师教学指导委员会秘书处设在我院，秘书长由院长担任；2009 年，院长担任教育部教师教育课程资源专家委员会小学教师教育组召集人。

"以提高就业竞争力"为导向的政治学与行政学专业人才培养模式探索

聂月岩　张友国　王冠中　杨山鸽　应霄燕

一　成果主要内容

本成果以大学生就业难为背景，以政治学与行政学专业建设为基础、以教育教学改革为动力、以培养素质全面的合格人才为目的，积极探索了复合型和应用型人才培养模式。本专业学生就业率100%签约率、四六级英语过关率、考研录取率名列前茅，受到用人单位的好评。

主要解决的教学问题：

一是人才培养目标定位准确，为北京地区基层单位培养公务员和行政人员，坚持市场评估与用人单位共同参与的人才培养合作机制；

二是构建人才培养课程体系，开展网络课程、探究式课程和精品课程建设，鼓励学生跨学校、跨院系、跨专业选课，取得双学位和各种资格证；

三是坚持以教学科研相助，加强实践教学，提高学生科研能力和创新精神；

四是开拓学生国际化视野，搭建国际化教学科研平台，同美国旧金山州立大学、新加坡大学、台湾元智大学等院校建立合作关系。

二 创新点

1. 人才培养目标突出地方特色，瞄准基层定位准确

一是面向北京地区培养公务员和行政管理、组织人事等工作的复合型、应用型人才。

二是根据就业形势，引导学生转变就业观念，面向基层。毕业生有的在北京市安全局、纪律检查委员会、东城区政府等从事公务员工作，还有的在大兴区、顺义区、密云县等当村官或社区助理。

2. 课程设置符合社会需求，鼓励学生"三跨"选课并考取各种资格证

培养方案增加法律法规、财政经济、电子政务、文化心理等课程。鼓励学生"跨院校、跨院系、跨专业"选课，有的学生获得双学位，考取了教师资格证、律师资格证、导游资格证和翻译资格证，提高了就业竞争力。

3. 重视实践教学，规划学生毕业去向

加强实践教学，关注社会问题。国家大学生创新性实验计划项目"从六里屯垃圾场事件看政府与百姓沟通机制"和"京郊村民自治现状调查与思考"获得国家级和北京市奖励。就业工作措施得力，建立毕业生质量调查和信息反馈制度。

第七届北京市高等教育教学成果二等奖——"以提高就业竞争力"为导向的政治学与行政学专业人才培养模式探索

（成果第一完成人：聂月岩）

三　应用情况

1. 本专业学生受到用人单位的好评

王昊同学到北京市空军某部政治部工作，被派到南京空军政治学院学习，成绩优异，选为班长。杨旭同学在西安消防部队工作，在一次灭火战斗中立二等功，被选为中队长。常志盛同学考取北京市东城区政府公务员，选拔到北京市纪律检查委员会工作。

2. 本专业学生素质高、能力强，受到学校和北京市相关部门的肯定

（1）涌现出一批北京市先进班集体和先进个人。

（2）主持国家级科研立项，获全国大学生挑战杯奖励，获国家奖学金和国家励志奖学金，公开发表论文9篇，在《大学生报》等发表作品80多篇。

3. 本项目采取的就业工作措施对其他院校有一定的借鉴作用并得到运用

一是在本专业新生入学教育时就引导学生在四年期间明确毕业去向；二是在大学三年级制订学生职业目标统计表并由老师跟踪指导；三是组织召开"就业形势与就业政策会"和培训班；四是鼓励学生在校期间取得各种资格证，提高学生素质和就业竞争力；五是不仅鼓励学生报考北京市公务员，还鼓励他们到企事业单位和部队，竞争党务工作和行政工作等岗位；六是为考研究生的同学辅导政治理论课，帮助选择院校和专业，提高考研录取率。

基于虚拟现实技术的旅游教学系统的开发与应用

刘洪利　李小娟　申玉铭　邓　磊　王茂军

一　成果主要内容

自 2004 年起，我们发挥自身优势，建设完成了虚拟现实教学系统。虚拟现实，或虚拟实境（Virtual Reality，VR），是利用电脑模拟产生一个三度空间的虚拟世界，提供使用者关于视觉、听觉、触觉等感官的模拟，让使用者如同身临其境，及时、无限制地观察三度空间内的事物。

本套教学系统主要应用于北京旅游、导游业务、旅游资源学、生态旅游、北京导游、旅游英语等课程教学。主要解决的教学问题如下。

1. 高水平科研成果应用于教学

本系统制作过程集中了 3S（RS、GIS、GPS）的核心技术，数据采集、数据处理、系统构建、场景建模、贴图渲染、系统集成调试等许多科学研究内容。

2. 逼真的虚拟空间，全方位展示教学内容，寓教于乐，激发学生学习兴趣

全方位地把旅游教学内容呈现给学生，场景浏览可以由教师在课堂操作，也可以课后在实验室由学生利用终端操作，激发学生的参与兴趣。

3. 在虚拟空间中修复文物古迹，弥补了现场实习的不足

师资团队经多方考证，并征求权威部门意见，在本教学系统中修复了大量文物古迹。

4. 锻炼了师生运用高新技术手段的能力

三维空间模型构建与导入 VR–GBPRO™ 平台成为虚拟现实，是现今的高新技术，科研与教学互相促进。

5. 更有效地为社会服务，为北京市旅委系统、北京旅游企业提供行业培训

二 创新点

1. 教学观念创新

坚持科研与教学并重的原则，把最新科研成果投入教学中。践行"爱国、创新、包容、厚德"的"北京精神"，为教学投入、创新。

2. 教学技术创新

打破了黑板、PPT 的教学方式，引入真三维虚拟现实，并根据教学大纲的要求，自己制作，自己应用。

3. 教学方式创新

本套教学系统引入课堂教学，充分发挥师生的课堂互动性。

4. 人才培养创新

引入新技术，要求教师加强科研、学习新技术，把旅游学与计算机科学紧密地联系一起，这对教师是一种锻炼培养。学生看到新技术成果，也会培养其学习新技术的兴趣，拓展了学习领域，开阔了知识面，更好地为社会培养人才。

5. 师资队伍建设创新

融合了旅游专业、地理信息系统专业的教师，形成了一支有效的师资队伍。

6. 为社会服务创新

常年为北京市旅委提供职业培训，为相关旅游院校、旅游企业开设学术讲座。

三 应用情况

1. 学生的课堂教学评估成绩优异、教学督导满意

近三年来，所有任课教师的学生教学评估成绩都在 90 分以上，教务处特聘教学督导对于本教师团队上课效果评价满意。

2. 北京市旅委、相关行业专家评价很高

市旅委于主任评价说："首师大教师懂教学、爱教学、会教学。"

3. 考研、出国深造、就业率都很高

近三年来旅游专业已经有 20 余名同学读研、出国深造，余下同学全部就业于旅游行政管理部门、旅行社、媒体、酒店，以及旅游学校等企事业单位。

4. 学生科研立项

近三年来，指导本科生科研立项 6 项，拔尖人才培养计划 5 人，研究生创新基金 8 项，研究生科研与实践创新立项 2 项。

5. 教师出版教材

近三年来，本项目教师团队出版教材 14 部。

6. 社会服务

近三年来，1500 余人用过本系统培训并受益。

第七届北京市高等教育教学成果二等奖——基于虚拟现实技术的旅游教学系统的开发与应用

（成果第一完成人：刘洪利）

软件工程专业工程化实践教学体系的构建与实施

骆力明　周丽娟　赵春娜　袁晓红　王彦丽

一　成果主要内容

本成果以国家级特色专业建设立项的实施为研究平台，以市级、校级精品课程以及市级精品教材建设立项，市级、校级多项教学改革立项为研究基础，以一级学科软件工程专业的学科特点为导向，以提升学生工程实践能力为目标，依据一般院校的特点构建工程化实践教学体系。

软件工程专业对人才的基本要求是培养满足社会要求的工程应用型人才。作为一般高等学校的软件工程专业，我们的培养方式既不能照搬具有特殊政策的 47 所软件学院，也要有别于培养软件蓝领的校企订单式办学模式。过去，为了提高学生实践能力，通过实践课给学生构造一些小型综合项目，期望提高学生工程能力的做法，往往与结果有很大差距。因为：

（1）题目与实际脱节，与行业规范有距离；

（2）学生完成项目没有约束，具有随意性。

期望走与企业联合的路子，将学生送到企业，通过企业的培养提高学生的工程能力。我们也曾多次尝试这种方法，但是：

（1）好的企业不愿意接待，小型企业项目实施不规范，学生没有得到真正的锻炼；

（2）时间短，大部分学生能力不够，无法真正参与到企业的技术层面；

（3）能参与到项目中去的好学生，也只是负责一个小方面的工作，技术要求单一，能力提高不全面。

本成果正是针对以上问题进行的改革与实施。

第七届北京市高等教育教学成果二等奖——软件工程专业工程化实践教学体系的构建与实施

（成果第一完成人：骆力明）

二　创新点

（1）修改现有培养方案，建立工程化实践教学体系。

（2）引入符合行业规范的实际开发案例和聘请企业一线技术人员做辅导教师，围绕项目开展实训，使学生在规范的项目开发过程中提升工程能力。

（3）利用小学期集中教学，模拟公司开发的流程和项目管理方式，围绕实际项目训练学生的工程能力。通过学科竞赛、学生科研、大学生创业活动、实验室开放基金为本科生提供课外科研环节。

（4）按照企业对软件工程人才需求的要求，引入完整企业实际项目并完成适合不同企业要求和培养学生兴趣的实训教学资源库的建设。

（5）将专业实习和毕业设计绑定开展，通过校企合作完成专业实习、毕业设计教学环节，使学生顺利走向工作岗位。

三　应用情况

课外小组的实施，使学生在校期间就参与开发了多项实际项目，提升了实际工作能力和科研素养，凡是经过项目组实际项目锻炼的学生均受到社会的欢迎。

在近三年市级以上学科竞赛中，学生获三等奖以上的就有 50 余人次，其中获得国家级奖项的有十余人次。国家级、北京市级、校级各类学生项目获批 30 余项。学生获得软件著作权十余项，发表论文十余篇。2011 年我专业学生参加蓝桥杯全国软件人才大赛，java 组两人代表北京市进入全国决赛（北京市 7 人进入）。

项目组开展座谈会

项目组合影

2011 年我院推免研究生 8 人，软件工程专业独占 4 人。

新课程体系的实施，进一步促进了教学的规范和教师责任意识的提高。近三年，教师主持或参与教学改革项目 5 项，主持市级精品教材建设立项 3 项，出版教材 5 部；获得北京市优秀青年知识分子称号 1 人，获得校级先进师德个人称号 1 人，获得校级优秀教师称号 1 人；获得市级讲课比赛二等奖 1 人，获得校级讲课比赛奖项 2 人。

与企业的联合，促进了学校和企业的合作，增加了学生与企业的接触，使学校、企业有了稳定的互利共赢合作关系。

构建以北京地域文化为特色的视觉设计教学模式及其应用平台

李中扬 戴莛 夏兵 曹汝平 黄梅

一 成果主要内容

该成果以北京地域视觉文化为创作主题，针对教学中学生存在的重仿轻创、重技轻文等问题，实施项目系统化案例教学方法。通过地域化视觉设计教学，形成"实验、实践、实战"的改革思路。以实践带动教学，将设计课题与社会需求有机结合，完成项目教学和研发任务。

探讨地域视觉的设计规律。以纵向分析－设计理性思考，横向分析－设计系统应用，设计分析－深化设计，形成以首都地域文化为特点的教学模式和应用平台。

（1）立足地域文化，加强本土原创设计实践。以项目教学深化其实效性和可持续性。

（2）以北京地域文化为特色，主打"视觉新北京"项目。在教学定位上突出首都地域文化、文化创意产业、世界设计之都等优势，关注时尚，创意北京，打造首都视觉新形象。

（3）通过挖掘地域文化，提高视觉设计教学和实践能力，探讨地域化视觉设计的教学模式。完善教学机制，形成初步框架。

二　创新点

（1）前瞻性。率先在全国师范院校中开展以地域文化为特色的视觉形象设计教学研究，在国内高校视觉设计专业中具有先导作用。该项目参与"北京奥运会""北京世界设计大会"等国际学术交流活动。

（2）原创性。突出北京文化与原创设计特点。运用创新意识，寻求本土化视觉特征，用现代设计语言和形式诠释地域传统和视觉文化。同时，运用科技手段，实现地域化视觉的技术创新。

（3）教学实性。通过设计教学改革，运用"实验、实践、实战"的思路，构建新的教学模式。实施项目化案例教学，将地域化视觉设计上升到理论高度加以探究，注重设计成果转化，扩大产、学、研合作渠道。

（4）延展性。"视觉新北京"教学项目历经 6 年，具有延续性。通过实践检验，运用系统方法进行教学研究和设计开发，探讨文化创意产业联动机制的可行性，通过地域视觉文化的实施，打造北京世界设计之都的新形象。

第七届北京市高等教育教学成果二等奖——构建以北京地域文化为特色的视觉设计教学模式及其应用平台

（成果第一完成人：李中扬）

三 应用情况

1. 课题研究和项目方面

通过对该项目的整体研究，从中探讨其设计课题的学术价值和应用规律，使地域视觉文化与项目有效地结合。发掘地域文化的典型视觉，创造具有代表意义的图形和符号，研究视觉转换的表现形式，获得概念设计上的更大智慧。

为更好地体现上述想法与总体规划思路，我们在教学与科研项目申报方面也做了积极努力。通过教学研究与专业实践的有效结合，有力地促进了设计学科向更高、更深层次的目标发展。

2. 教学成果与设计交流方面

在设计教学交流方面，近三年来，根据本学科特点和教学规律，注重学生们参加实践和创新思维能力的培养。在教学的过程中，先后参与了教育

项目组合影

部、北京市以及国际各类设计比赛共计 36 次，成绩斐然。

3. 教材与图书出版方面

通过专业课程与科研成果的归纳，近三年来，完成专业教材 12 部，先后获得高等院校"十一五""十二五"国家级规划教材，荣获国家级、北京市级和校级精品教材与优秀教材。

4. 旅游纪念品研发方面

利用现有课题内容和设计项目，积极开展专业实践活动，结合首都旅游品市场的需求，主打以"视觉新北京"为特色的地域化旅游品设计和研发工作。

"中国近现代史纲要"教学体系创新研究

李松林　史桂芳　李雅儒　黄延敏　刘文丽

一　成果主要内容

第七届北京市高等教育教学成果二等奖——"中国近现代史纲要"教学体系创新研究

（成果第一完成人：李松林）

本成果以国家精品课为基础，以北京市思想政治理论课教学研究基地为平台，以社会主义核心价值观教育为核心，以宏扬民族精神和时代精神为主线，改革整合"纲要"课的教学内容，创新《纲要》课程教学体系，提高《纲要》课的教学实效性。

本成果要解决的教学问题是：第一，对《纲要》课的教学内容进行高度整合——使教学内容更加凸显民族精神与时代精神，更加适应当代大学生思想实际；第二，形成适合《纲要》课教学的多种教学模式——多种教学模式更加反映《纲要》

课程特点和学生的认知特点；第三，构建立体化的教学资源平台——使《纲要》课程教育教学具有深厚的资源支撑，教学资源更加丰富、生动。

二　创新点

（1）从整体上把握和设计《纲要》的课程体系和教学内容创新，制订了符合教材与学生思想实际的教学大纲，填补《纲要》课程无教学大纲的空白，精心打造了一套规范的精品教案。

（2）创新《纲要》课程教学模式，深化了《纲要》课程教学方法与教学规律的探索。整合传统教育教学方法和现代教育教学方法的优长，从整体上实现了本门课程教学资源和手段的创新。

（3）构建立体化的教学资源平台。建立、整合、更新《纲要》课程教学资源，形成了具有广泛应用价值的，以网络课程、文献资料、声像资料为中心内容的教学资源库。

三　应用情况

（1）《纲要》课程教学方法与模式创新，有利于以爱国主义为核心的民族精神和以改革创新为核心的时代精神教育。许多学生在学习完《纲要》课程之后，对于中国人民选择马克思主义、中国共产党、社会主义和改革开放有了新的认识，要求入党的同学人数比以前增加了。

（2）拓展《纲要》课程网络平台教学，增加大量相关视频网络资源，激发了广大学生的学习热情与爱国热情。新增的网络课件与视频资料被点击次数达3万次之多。

（3）《纲要》课程教学方法与模式创新得到了《纲要》一线教师的普遍认同。2009年和2010年12月，我院两次召开"全国思想政治理论课教学

项目负责人参加教学研讨会

体系研讨会"，并作了大会发言；2010 年 4 月和 11 月李松林教授出席在山西理工大学召开的教育部《纲要》课程华北片教学经验交流和教育部在珠海召开的《纲要》课程教学经验交流会。

（4）《纲要》课程教学方法与模式创新强化了教学研究，成功申报国家精品课。

①申请高层次教改立项获得成功：2009 年成功申请了教育部专项课题；2009 年成功申报北京市"中国近现代史纲要"教学研究工作室。

②在成功申请《概论》和《纲要》课程为市级精品课的基础上，成功申报国家级精品课。

③高层次教学成果不断涌现。撰写并出版了《中国近现代史纲要教学体系研究》和《中国近现代史纲要实践教学指导手册》。

（5）《纲要》课程教学方法与模式创新提升了教师的科研水平。2009 年至今，中国近现代史教研部获得 2 项国家社会科学基金、1 项国家自然科学基金、1 项教育部专项。

（6）《纲要》课程教学方法与模式创新得到了专家的高度评价。教育部《纲要》课程教学指导委员会副主任王炳林教授认为："《中国近现代史纲要》课程的教育教学工作很有吸引力、感染力、针对性和实效性。"

（7）《纲要》课程得到了广大大学生的高度肯定。在近三年的学校教学评估中，课程主讲教师教学评估成绩高于学校平均成绩。

首都基础教育骨干教师培训体系
创新与实践

周建设　张汝胜　张景斌　王尚志　尹少淳

一　成果主要内容

（1）高标准设计。聚焦国家新课程标准、紧扣"国培计划"要求，组建以国家新课程标准研制组成员、全国教师教育课程资源委员会专家和本校国家级教学名师为核心的研发团队，设计首都基础教育骨干教师培训方案。

（2）高层次联动。大学、政府、中小学三方单位高层领导密切协商、共同签约，形成目标一致、合力凝聚和保障到位的高效运行联动机制。

（3）高规格培训。重点面向具有发展潜力的校长、特级教师和学科带头人等培训对象，建立由院士、国家级名师、国家教学团队负责人等组成的培训团队。

（4）高质量发展。通过培训高质量的"种子教师"和具有卓越领导力的校长，建设高效互动的合作机制、完善的基础教育骨干教师培训制度。

主要解决的问题——从提高设计标准、加强主体联动和优化培训团队等方面着手，创新培训体系，并全力付诸实践，从而推动基础教育骨干教师培训模式的建设和参训教师整体素质的提升。

二　创新点

第七届北京市高等教育教学
成果二等奖——首都基础教育
骨干教师培训体系创新与实践
（成果第一完成人：周建设）

（成果第二完成人：张汝胜）

（1）理念创新。在协同发展的理论指导下，充分发挥政府、大学、中小学校与参训教师等每一主体在培训中的独特作用，促进各方的积极参与、合作对话，在实现教师专业能力提升的同时使各培训主体得到共同发展。

（2）机制创新。构建大学、政府、中小学校三方单位高层领导联动机制，明确培训目标，统领培训行为；建立培训主体之间的对话交流机制，破解培训难题、共享经验成果。

（3）体系创新。挖掘和发挥首都优质培训资源，在培训的方案设计、组织管理、具体实施和成效评估等方面，构建以"高标准、高层次、高规格、高质量"为特征的骨干教师培训体系。

（4）实践创新。明确高校的纽带作用，与政府、中小学校建立良好的伙伴协作关系。一是在国内首倡教师发展学校，加强大学与中小学合作共同体建设；二是与北京市、区县合作，建设骨干教师培训服务区；三是与教育部合作，组织实施"国培计划"，拓展高端教师培训领域。

三　应用情况

1. 服务首都卓见成效

我校通过区域教育合作和校际合作，与丰台区、海淀区、密云县等9个区县共建教育发展服务区，与29所中小学合作建设教师教育共同体，与近百所中小学校合作建立了教育实践基地，积极运用本成果开展区域和校本培训，20余个学科万余名骨干教师得到了专业发展。

2. 实施"国培计划"普受赞誉

近年来，我校将广泛应用于首都基础教育实践中的骨干教师培训体系推广到国家级示范性集中培训项目中，先后承担了高中数学、高中地理等十几个学科的骨干教师培训，惠及全国29个省区市5100名骨干教师，取得了圆满成功。

3. 优质资源广泛共享

在培训实践中，逐步建成了包括院士、国家级名师、学科教育专家与一线名师等在内的一流培训师资库，并运用现代信息技术手段研发了教师教育云服务支持系统，为实现优质教育资源共享

（成果第三完成人：张景斌）

（成果第四完成人：王尚志）

（成果第五完成人：尹少淳）

与发挥"种子教师"高端引领作用搭建了良好的学习支持服务平台。

4.培训体系深受好评

林群院士说："师范大学一定要研究中小学，这一点首师大做得很好。"教育部副部长刘利民在听取我校教师教育工作汇报时肯定地说：首都师范大学是"真正地在做基础教育"。在该成果成功应用于29个省市"国培计划"骨干教师培训的同时，青海师范大学、贵州师范大学等协作院校也全面借鉴。

创设"一体化"的培训质量保证体系，建构"双能力"取向的教育技术培训模式

李有增　谢新水　周丙锋　吴　疆

一　成果主要内容

2001 年，根据教育部教高司〔2000〕79 号文件，项目开始启动。经过 10 年研究、实践和探索，取得了两方面成果。其一，以教育技术为载体，以专家队伍、制度保障、培训平台、全真模拟考试系统为支撑平台，教育部、市人事局和市教委共同认定将教育技术能力等级标准纳入市属高校教师职称

第七届北京市高等教育教学成果二等奖——创设"一体化"的培训质量保证体系，建构"双能力"取向的教育技术培训模式

（成果第一完成人：李有增）

评价体系，创设了"一体化"培训质量保证体系，这在全国是首次也是唯一的。其二，通过各种形式的教育技术能力培训及举办多媒体课件应用大赛，形成了以提高教育技术应用能力和教学能力为目标取向的"双能力"教育技术培训模式。

该项目主要解决了三个问题。

第一，"一体化"的培训质量保证体系突破了传统培训模式在方法、资源、质量和培训体系等方面"碎片化"的局限。

第二，"双能力"取向的培训模式将教育技术和教学有机融合，用教育技术推动了教学方法和教学模式的改革。

第三，消除了高等教育和教育技术之间的张力，为整体提高市属高校教师的教学能力找到了一个有效、可推广的模式。

二　创新点

（1）管理制度创新。在全国首次实现了将现代教育技术等级考试纳入高校教师职称评定体系；使教育技术培训成为市教委"人才强教"系列计划的组成部分，成为市属高校教师职业发展过程中的必要环节和必要的能力成分。

（2）培训平台创新。创建了高校教师互动交流的在线学习平台，自主研发编写了《现代教育技术教程》（一级、二级）培训教材及与之相配套的多媒体教学光盘，开发了教育技术培训网络课程。

（3）能力评估方法创新。以计算机虚拟全真技术为支撑，开发了全真Word、PPT、Photoshop等软件考试题库系统，指导教师在全真环境下进行考核与评估。

三　应用情况

（1）全面提高了市属高校教师教育技术的应用能力。项目实施期间，市属高校参加教育技术培训和考试的教师达 27000 余人次，涵盖了市属 24 所高校，教育技术能力培训的普及率约 95%。

（2）促进了市属高校教学环境的全面改观。多媒体教学环境的普及率由 2001 年的 77% 提高到了 2011 年的 98%，促使市属高校改善了教学设备和教学环境。

（3）形成了学习教育技术的长效机制。将教育技术培训纳入"人才强教"系列计划，强化了教育技术在教师职业发展过程中的作用，形成了持续提高市属高校教师教育技术能力的长效机制。

（4）促进了高校教师教学模式的突破。随着教育技术能力的提高，市属高校教师在教学过程中应用多媒体教学方法的比率由 2001 年的 68% 提高到了 2011 年的 91%。

项目组合影

（5）促进了高校教师教学能力的提高。2007~2011年，中心举办了三届多媒体课件教学应用技能大赛，参赛作品达到了2000余件，参赛教师人数达3000人次，其中，30余项作品在教育部举办的全国课件大赛中获奖。

（6）促进了大学生学习能力的提高。通过多媒体课件，特别是网络课程所形成的学习交流平台，改变了高校教师的角色，他们从传统意义上的知识传授者转变为学生学习的组织者和协调者，培养了学生自我学习的能力。

（7）推动高校教师的教学改革和创新。项目成果的推广使市属高校教师的教育技术水平走在了全国前列，在高校教学改革创新方面做出了贡献。

计算机应用型人才培养的
研究与实践

王锁柱　张建林　李　环　王瑞梅　张连永

一　成果主要内容

本成果根据我校信息管理专业的历史沿革和教学条件，以拓宽学生的就业面、提高就业竞争力为主线，提出并实践了以专业基础设施平台和项目驱动的实践平台建设为支撑，以提升学生的社会服务能力为目标的专业建设方案，构建了"厚基础 – 重实践 – 拓展社会服务能力"的人才培养模式。主要解决的教学问题有以下几个。

（1）解决了专业定位泛化、模糊的问题。基于信息管理专业自身的特点，确立了"厚基础、注重实践、突出社会服务能力培养"的信息管理专业应用型人才培养理念。

（2）解决了大众化教育背景下如何提高学生的就业竞争力和就业质量问题。本成果依托产学研结合、校内外实训基地、社会实践等多种平台，加强学生社会服务能力的培养。

（3）解决了人才培养与社会需求之间的零距离对接问题。通过课程综合

第七届北京市高等教育教学成果二等奖——计算机应用型人才
培养的研究与实践（联合项目）（项目组合影 1）

设计、专业实习、实习基地建设等途径，为学生提供承担企事业单位实际信息化项目的机会。

二　创新点

（1）提出了两个平台建设和一个服务的专业建设体系方案。该框架为专业的定位、建设内容、建设的核心要素提供了参考，在多次全国性会议上交流，得到了同行的认可和好评。

（2）构建了"厚基础、重实践，拓展社会服务能力"的应用型人才培养模式。在大众化教育背景下，注重学生社会服务能力的培养理念，建立优化的应用型人才培养体系。

（3）形成了"以校内实训、实习基地、产学研基地为平台，项目驱动、双师型教师授课"的实践教学模式。依托实践平台，鼓励学生承接或参与各类社会实际项目。

三　应用情况

（1）以"拓展社会服务能力"为导向的人才培养模式，在毕业生就业方面起到了重要的促进作用，一次签约率显著提高，就业单位层次高。

有些用人单位点名要我校信息管理专业的毕业生。目前，有40多名同学已走向各级领导岗位，其中4名同学成为相关公司的高层管理人员。

（2）在本成果的引领下，专业建设与教学研究取得了丰富的成果，对专业建设与教学管理起到了重要的促进作用。

- 张连永老师编写的教材《计算机网络基础应用教程》（2008年）被评为北京市精品教材；
- 近年来承担北京市教改项目1项，校级教改项目十多项，发表各类论文150多篇。

（3）提出的实践教学模式彰显作用，学生的创新能力、实践能力显著提高。

- 近年来，学生承担40多项社会实践项目，实验室开放基金项目50多项；
- 国家级、市级、校级大学生科学研究与创业行动计划项目20余项；
- 获得国家级、市级各类竞赛奖项20余项。

（4）在本成果的带动下，编写出版了系列的应用型教材。

规划与出版相应的配套教材17本，专著1本，其中12本已经用于教学一线。

（5）对师资队伍建设的指导作用凸显，坚持引进、培训、特聘相结合，

项目组合影 2

打造了一支开放型、多元化的教师团队。

定期派青年教师到国内知名高校访学，去企业参加技能培训；坚持把优质师资请进来的政策，实行"特聘教授""客座教授"的制度。

（6）交流辐射作用。

首都师范大学先后承办了"全国首届计算机应用型人才培养论坛"会议和"云计算与信息系统研讨会"。

近来年，信息管理与信息系统专业 50 人次参加了全国性的教学、实践教学研讨会，会议上进行了发言和交流。

基础教育教学成果奖

大学支持初中学校群体教育质量
提升的研究与实践

宫辉力　王尚志　李延林　杨朝晖　孙素英

一　成果主要内容

初中教育是首都基础教育的相对薄弱
环节，制约了首都基础教育的均衡发展。
北京市政府从 2005 年启动了为期三年的初
中建设工程。首都师范大学承担了"大学
支持北京市初中建设工程项目"，进行了
大学支持初中学校群体教育质量提升的研
究与实践，取得了以下成果。

（一）实践成果

（1）首都师范大学支持的 16 所学校发
生了显著的变化，学校的办学思想从模糊
到明晰，干部和教师的观念与行为发生明

第三届北京市基础教育教学
成果一等奖——大学支持初中
学校群体教育质量提升的研究与
实践

（成果第一完成人：宫辉力）

显转变，教师队伍整体获得发展，学生学业成绩和综合素质明显提升，社会声誉好转。

（2）项目组设计并实施了"骨干教师发展行动计划"，培养了一批学科骨干教师，四个学科教师的整体专业水平普遍提升。

（3）建立了大学支持学校群体发展的机制，促进和保证了 16 所学校的群体发展，形成了大学与学校合作共生的学习共同体。

（4）开发了"初中建设工程网络支持平台"，拓展了 16 所学校信息交流的空间。

（5）锻炼出一支致力于基础教育理论与实践研究、以服务基础教育为己任的大学专业者队伍，提升了大学为社会服务的能力。

（二）理论成果

（1）形成了"大学支持学校群体发展的模式"——首都师范大学模式，受到了国内外同行的关注和认可。

项目组开展活动

（2）形成了大学支持学校发展的一种有效模式——"沉浸式校本支援模式"。

（3）探索出了融教师发展与项目整体发展、学校发展于一体的"三结合"的骨干教师专业发展研修方式。

（4）探索了以大学

项目组合影

与学校合作为基础、促进学校内涵发展的基本途径，生成了有关学校实践改进的鲜活而丰富的实践性知识。

出版了《行动在教育发生的地方——大学支持初中学校群体发展的研究与实践》《体悟与成长——初中学校群体建设发展案例撷萃》及初中建设工程学校发展系列丛书。

二 创新点

（1）建立了"大学支持学校群体发展的模式"。即在大学与学校平等合作基础上，通过整体把握学校发展内容与实践，促进学校可持续发展；通过校长联席会议、项目研修等活动为依托的实践共同体建设，促进学校群体间的互动与发展。

（2）探索了"沉浸式校本支援模式"。即大学人员以研究者和实践者兼具的身份，长期深入教育实践现场，以学校现实需求和条件为出发点，通过平等对话，共同建构生成学校发展策略，实现学校发展的一种合作模式。

（3）建立了三阶段培训课程：整体把握学科课程—整体把握学生—整体把握评价。形成了"三结合"研修方式：集中理论研修与课堂实践相结合、专题研修与校本教研相结合、教师发展与教研组建设相结合。

三　应用情况

（1）本研究成果在 16 所学校的整体发展过程中起到了很好的推动作用。

（2）大学支持初中学校群体发展的研究成果，已经在 2007 年以来的首都师范大学与顺义区的区域教育合作中得到了运用，并将在"优质学校发展计划"中充分体现。

（3）项目组的研究与实践引起了学术界的广泛关注与认可。

（4）相信我们的研究对于推动政府更加有效地利用大学资源，促进教育发展具有一定借鉴意义；对于大学以更有效的方式发挥大学对基础教育的引领作用具有重要实践意义；对于促进更多的学校群体实现内涵发展具有重要的现实意义。

丰富实践取向教师专业发展理论
创建新型教师研修模式

刘新成　郑开义　王海燕　张景斌　刘晓玫

一　成果主要内容

1. 丰富实践取向的教师专业发展理论

本项目以当代教育理论做指导，注重基于实践的理论构建与创新。在多年教育学科专业建设的基础上，加强对一线教师专业成长的现场研究，逐渐形成并坚定了实践取向的教师专业发展理论。

本项目研究不仅丰富发展了理论，而且已经出版了实践取向的教师研修论著4册，教材3册；发表论文12篇。

2. 创建新型的教师研修模式

在实践取向教师专业发展理论

第三届北京市基础教育教学成果一等奖——丰富实践取向教师专业发展理论创建新型教师研修模式

（成果第一完成人：刘新成）

153

的指导下，依托大学与区县建立的良好的合作关系，本项目形成了实施教师研修的工作理念与运行模式。

"一核心三结合五关注"的研修工作理念：以中小学教育教学实践为核心取向；坚持理论与实践紧密结合，研修与教学工作紧密结合，近期发展目标与可持续的专业发展需要紧密结合；始终关注参与教师的教育教学实践，关注教师在实践反思中理解教育的内涵实质，关注教师对研修活动的实际参与，关注教师在教育教学实践中的行为转变，关注教师对实践经验的总结提升与分享。

二 创新点

1. 丰富实践取向的教师专业发展理论

基于实践、为了实践、在实践中促进教师专业发展是近年来首都师范大学学者研究的特点与追求。以实践为取向，强调教师专业实践的意向性、丰富性、情境性、生成性和主体间性，关注教师对教育教学实质的理解与整体把握，是本项目对实践取向教师专业发展理论的丰富与创新。

2. 创建新型研修模式

将教学、科研、培训有机结合起来；拓展研修"课堂"：将学员所在学校、自身课堂作为研修第一现场，深入 50 余所学校开展研修活动；延伸研修过程：深入已结业学员任教的学校，了解学员研修后的情况，研讨、解决学员遇到的新问题。

3. 突破资源限阈

突破区县与首都师范大学的资源局限、突破传统资源平台。4 年来，参与本项目教师研修的首都师范大学以外高校专家 69 人次，特级教师 56 人次，各级教研员 129 人次，区县外教学观摩 69 次，创建了"教师研修在线"网站，开发了来自学员的课程资源。

4. 探索大学与区县合作培养教师的机制

大学与中小学合作的例子在中外已不鲜见，本项目突破了这一合作模式，直接与区县合作，探索培养在职教师的合作机制，形成了多层次、全学科、广参与的研修特点，成效显著，并带来"双赢"效益，产生了很大的社会影响。

三　应用情况

2004 年 9 月至 2008 年 7 月，首都师范大学先后与顺义、密云等 6 个区县合作，以实践取向的教师专业发展理论为理论基础，开展中小学专任教师研修班 148 个，其中，中学 103 个、小学 45 个；学校管理干部研修班 15 个；

项目负责人参加高层论坛

班主任研修班 10 个。经本研修项目受益的学员达 6987 人次，其中教育硕士（含研究生课程班）638 人。

建设教师教育基地校 11 所，教师发展学校 3 所，深入 50 余所学校开展研修活动。

学员满意率达 90% 以上，有些学员主动提出不要学分，要求再参与学习。这在目前教师培训效率不高、工学矛盾紧张的情况下是非常难得的。重要的是，教师的变化、专业水平的提升直接带来了教育教学的变化，提高了教学水平和教育质量。

本项目从理论构建到研修模式创新，乃至大学与区域的合作方式，在北京市和全国都具有推广、借鉴的意义。

北京市中小学生思想道德发展评价指标体系的研制与应用

蓝　维　廖凤林　田国秀　陈　宁　关国珍

一　成果主要内容

北京市中小学生思想道德发展评价指标体系的研制与应用，是受北京市教委德育处委托，由首都师范大学学生思想道德发展评估与研究中心承担的研究和工作项目。

该项目设立的目的在于提高北京市德育决策的科学水平，完善德育管理机制，进一步推动区县和学校德育工作，推动新课程改革中情感态度价值观的落实，最终

第三届北京市基础教育教学成果一等奖
——北京市中小学生思想道德发展评价指标体系的研制与应用

[成果第一完成人：蓝　维（左一）]

切实提高北京市中小学生思想道德发展水平。

该项目从 2004 年 1 月启动对本市中小学生思想道德发展状况的调查开始，到 2006 年 12 月，先后完成的研制和应用工作包括以下 6 个方面。

（1）完成了对全市中小学生思想道德发展状况的调查。

（2）研制、修改并完善了《北京市中小学生思想道德发展测评指标体系》。

（3）完成对全市中小学生思想道德发展追踪测评工作（至 2008 年已追踪四年），形成《北京市中小学生思想道德发展年度测评报告》和《北京市中小学生思想道德发展深度访谈报告》，并为各区县教委提供区县测评材料 19 份。

（4）开展德育测评培训工作。

（5）完成北京市中小学思想道德发展测评数据库建设工作。

（6）开展围绕中小学生思想道德发展的科学研究和交流工作。

二　创新点

（1）在大量和深入研究的基础上提出、检验并运用了《北京市中小学生思想道德发展评价的指标体系》。

（2）尝试建立和完善与学生思想道德发展相关的北京市德育评价制度和相关机制，是大规模、区域性、追踪性的德育评价制度的建设。

（3）配合市教委尝试建立以学生思想道德发展质量评估为动力的新的工作机制。

（4）吸收和借鉴最新的科学研究成果，不断提高测评的科学水平。

三　应用情况

（1）测评工作历时长、测评面广。测评工作开始于 2004 年，至今已连续进行四年，测评在北京市 19 个区县展开，年测评学生 1 万名左右（2008

年测评 3 万名学生），年现场观察数千名学生，年访谈教师 100 名左右，年输入数据 100 万个左右（2008 年输入数据 300 万个）。

（2）测评为市及区县教委提供决策依据，并对市、区教育决策发挥着基础作用。上一年测评状况在新年度开始之时公布，市区以此为基础制订当年工作计划，决定工作重点。对学校教育教学工作的指导作用主要通过各种报告会和教师培训的方式展示测评结果，引导教师的教育教学工作。

（3）测评注重对区县及一线教师进行培训。培训内容包括指标体系的解读、测评过程及要求、访谈技巧、测评报告的撰写等。一线教师尤其是德育教师开展测评和调研的基础比较低，通过培训使教师们掌握基本的测评方法，提高质的研究与量的研究能力，为今后开展相关研究打下基础。

（4）北京市中小学生思想道德发展评价数据库的应用。在测评基础上数据库的建设为测评数据更广泛地应用搭建了良好的平台。数据库内现有 600 万个数据，强大的数字加工和处理能力，在年度测评和日常工作中已经显现出良好的作用。在市教委赋予权限之后，数据库可以在全市范围使用。

项目组合影

求根务本：教师发展学校的八年建设

蔡 春 宁 虹 朱晓宏 刘秀江 王志扬

一 成果主要内容

1. 建构"实践—意义取向的教师专业发展理论"

教师发展学校建设经历了以"六层面四环节"为内容的研修过程、"教师专业发展：求根务本"的建设行动、重在"教师专业意识品质养成"的教师发展学校硕士研究生课程和"种子教师"培养的建设行动、"教师发展学校走进 u 时代——教师发展学校网络协作社区和学科组建设"等一系列建设过程。正是这样一个生机勃勃不断建构创新的建设过程，形成了教师发展学校的理论建设——"实践—意义取向的教师专业发展理论"。

2. 以课堂教学为根本的建设行动

在"求根务本"的建设行动中，总是强调以理论的自觉把握内涵实质，由此带来了教师对课堂的重新理解。教师们正是在这个过程中获得了真实的发展，也使课堂教学发生了有意义的变化。

3. 多种方式进入学科，推动课堂教学改进

第一，组织中小学特级教师、骨干教师成立学科组。第二，以夏令营、

第三届北京市基础教育教学成果一等奖——求根务本：
教师发展学校的八年建设

（教师发展学校开展活动）

冬令营及其他形式对教师发展学校合作校教师进行专题培训。第三，教师发展学校与大学相应学科专家、学科教育学专家合作，不定期地与中小学教师就学科知识本身及其教育学意义，并结合课程改进进行培训展开研讨。第四，教师发展学校学术团队的大学教师主动进入学科。

4. 建设 u-TDS 网络协作社区平台，服务课堂教学改进

2003 年，成立了 e-TDS，建立了网上教师发展学校，使更多的教师可以通过网络获得专业发展与课堂教学改进的机会；2008 年，教师发展学校成立网络协作社区，即"u-TDS"。

5. 培育种子教师，引领课堂教学改进

结合目前我国中小学以教研组为单位的教学管理体制，我们找到了一种扩大课堂教学、改进课堂效果的渠道，即通过培养各学科的种子教师，并把这些"种子教师"培养成为实质上的"学科领导者"，以此推动教研组整体的课堂教学改进。

二 创新点

1. 完整的理论体系建构

在理论建构与实践过程中始终如一地坚持实践哲学立场是本项目最根本的重要特色和创新点。

2. 求根务本的建设行动

本项目形成的"教师专业发展：求根务本"建设行动，是深入中小学教育教学实践最根本的重要特色和创新点。

3. 明确解释的实践效果

始终坚持严格的科学的态度，获得可以明确解释的实践效果，是本项目在实践效果方面最突出的重要特色和创新点。

教师发展学校集体照

4. 注重研究意识的养成

帮助教师养成了研究意识与行为习惯，并发表了一系列的研究成果。

5. 建设网络平台实现智识与资源共享

我们与中国教师研修网合作，先后建立了"将教师发展学校建在网上"（e-TDS）与"将学科组建在网上"（u-TDS）两个平台。

三　应用情况

最初的探索在一年左右的时间里获得了我们所期待的实质性进展。在 2002 年我们与北京十六中的合作中有了突破。它的实质在于开始了对教育意义的关注，从怎样通过教师作研究达至教师专业地位的巩固和专业发展的实现，转向关注课堂教学的教育意义，使意义的追求成为教师专业发展内在动力的源泉，并以此作为教师专业发展的日常化方式。

2004 年，我们与丰台二中的老师们就教师发展学校的建设进行合作，形成"热爱、自信、整体理解"的教师专业发展工作理念，开展"六层面四环节"教师专业发展研修活动，深入多个学科的课堂教学环节，紧密结合教师日常教育教学工作推进教师专业发展。

教师发展学校建设高度重视在信息技术环境下的新的发展动向。我们在"中国教师研修网"上继续着"e-TDS：信息技术环境下的教师发展学校建设"。

高师院校创建农村小学基地
校联合体的实践研究

郜舒竹　王云峰　陈惠国　孙建龙　马长燕

一　成果主要内容

首都师范大学初等教育学院于 2005 年在北京市顺义区教育行政部门的

第三届北京市基础教育教学成果
二等奖——高师院校创建农村小学
基地校联合体的实践研究
　　（成果第一完成人：郜舒竹）

配合下，分别选择有代表性的农村学校构成"高师院校创建农村小学基地校联合体"。通过这样的联合体使得高师院校与农村小学的群体建立紧密的联系，为农村小学校之间的交流搭建了平台，有助于全面推进农村小学校的均衡发展，同时也为高师院校师范生的教育实践提供了实践基地。

1. 形成高等师范院校与基础教育协同发展的基本理念

高等师范院校应当把人才培养、

科学研究与为基础教育特别是农村的基础教育服务统一起来，实现教师教育职前职后一体化。

2. 创建京郊农村小学基地校联合体，推进京郊小学的均衡发展

京郊小学基地校联合体的创建与发展，适应了农村小学的需求，促进了农村小学的全面、均衡发展。

3. 开展"一校一品"的特色培育，探索高校引领农村小学特色发展的新途径

经过两年时间的探索，我院在顺义区的六所基地校都初步形成了自己的办学特色。

在各个学校初步形成特色的基础上，我们又以组织编写"基础教育丛书"为抓手，引领基地校校长梳理、总结、提升办学思想，进而推动了学校的可持续发展。

4. 探索出京郊农村小学校均衡发展的基本规律

近四年来在北京市延庆县、顺义区、平谷区、密云县的基地校联合体的建设与发展实践中，我们总结出了京郊农村小学校均衡发展的基本规律。

这种发展首先应当符合基础教育课程改革的大方向，同时发展的途径与策略必须是"本土化"的，也就是应当符合本区域的实际，具体来说主要包括三个方面的"适应"：第一是适应本区域社会、经济的发展；第二是适应本区域的文化传统；第三是适应本区域小学教师的实际。

5. 成果

近四年的实践探索，基地校联合体的学校无论从办学思想还是教育教学质量都有了一定程度的提升，教师的教学水平和研究能力也取得了较大的提高。

每一所基地校都依据自身特色梳理了办学思路，并编写出版了反映本校特色专著，一套共 6 本。

我们在基地校联合体建设与发展中，积累了大量一手资料，据此编写、出版了《实践取向小学教师教育教程》一套共 5 本。

项目组合影

二 创新点

（1）创建了高等师范院校京郊农村小学基地校联合体，密切了高校与农村小学的联系，搭建了农村小学互学互促的平台。

（2）探索出高校引领农村小学特色发展的新模式。

（3）探索出高校推动农村小学教师专业发展的本土化模式。

（4）探索出京郊农村小学在区域内部均衡发展的模式。

三 应用情况

（1）本研究得到顺义区教委的充分肯定，并支持鼓励更多学校加入这一联合体中来。

（2）本研究所取得的成果中，已经结集出版专著以及小学教师教育教程共 11 本，取得了良好的社会效益。其中《实践取向小学教师教育教程——数学教学基础》获评 2008 年北京市高等教育精品教材。

（3）在顺义区创建农村小学基地校联合体的模式开始向密云县、平谷区、延庆县推广。

以数学教育共同体建设为依托，推动远郊区县数学教师队伍建设

朱一心　连四清　方运加　张燕勤　吴建平

一　成果主要内容

依托学科建设优势，以数学教育发展为目的，创新性地建立中学与大学的数学教育共同体，很好地整合大学的数学学科建设、数学教育资源和优质的中小学数学教学资源。通过优质资源共享，使大学与中学在师资建设、教学科研合作中都赢得发展。以数学教育共同体建设为依托，充分发挥共同体中各方资源的优势，推动北京市远郊区县数学教师队伍的建设。

我们创新性地采用了"数学教育共同体"这一新型的合作形式。使得大学和中学通过优质数学教育资源的共享相互支持、共同发展。

通过对中学数学教师教学诊断，发现数学教学中存在的问题，之后选择相应的专题，通过专家参与集体讨论来引领教学反思，经过反思、引领、诊断、再引领、再反思的多次循环来促进数学教师的数学教学能力的发展。在工作中，我们创新性地应用教学诊断程序，使得专家讲座和指导更具有针对性和实效性，而专家参与集体讨论引领教学反思和专家教学示范则抓住了教

第三届北京市基础教育教学成果二等奖——以数学教育共同
体建设为依托，推动远郊区县数学教师队伍建设

（成果第一完成人：右一为朱一心）

师专业发展的关键。

我们依托数学家、教育专家和中学数学的优质资源，为延庆区、门头沟区和平谷区数学教师队伍的发展做出了示范性的贡献。

二　创新点

1. 组织创新

"数学教育共同体"是一种新型的大学与中学的合作形式，突破原有数学教育资源的组织机制。

2. 依托学科建设创新

整合数学学科建设成果和教学资源，建立数学教育与科研共同体。

3. 中学数学教师继续教育形式的创新

共同体中数学家和教育家通过诊断、评教和专题讲座、案例分析讨论、教育理论与实践探索等方式，对中学数学教师进行专业培养。

4.远郊区数学教师队伍发展策略的创新

我们认为远郊区数学教师的发展与教研管理密切相关，需要教师专业发展与教研管理"两手抓"。

5.培训内容创新

根据教师具体实践组织培训内容：新课程理念与教育教学理论指导和实践，课程体系分析，教学内容阶段教研，教学细节设计和实施等。

三 应用情况

（1）2006~2008年，在延庆区：①为高中数学教学和科研开设20多个专家讲座，到中学听课、评教40多节数学课，引领和支持数学教师的数

项目组合影

学教学和科研；②帮助延庆区教研部门选择和安排适合延庆学生的高三数学复习资料；③安排 30 名优秀师范生到延庆 3 所中学做助教，协助教师进行教学工作，实施面对面的课程指导，提高中学生学习效率；④指导区教委和教研室完善教学教研管理，创新教育薄弱区县的教研管理方法，提高教研员水平；⑤通过四年的努力，培养了一批优秀的数学骨干教师和教研员队伍，教育教研水平上了一个台阶，从整体上提高了该区的数学教学质量；⑥ 2007 年和 2008 年，延庆区数学高考平均成绩有了显著的提高，跨入了郊区县的先进行列。

（2）2006 年 ~2008 年，通过共同体与门头沟教委的协作，启动和实施了门头沟数学骨干教师培养计划。

（3）从 2008 年 9 月开始，组织数学特级教师、数学家和数学教育专家为平谷区的 53 名初中数学教师开设新课标、新课程、数学教学设计、数学本质与数学教学、现代教育技术与数学教学等课程的培训。

（4）项目实施过程中，积累了大量的经验与资料，对于师范生的培养起到了重要的促进作用。

利用机器人教学实现中学生创新精神和实践能力分层发展的研究

吴敏华　沙有威　杨森林　孙　众　徐克强

一　成果主要内容

1. 发挥师范院校在师资培训、活动组织方面的引领作用

为了优化基层学校在信息技术学科教学中的教学效果，提高教学质量，我们确立了"以高校内师资力量培养为基础、让师范生走近中小学课堂实践促强化、组织全市范围高水平教学交流共提升"的指导思想，开展与信息技术教学尤其是与机器人教学相关的各项活动。

2. 利用机器人实现信息技术素养的全面发展与重点突破

联合多所基层学校，从感测技术和控制技术角度丰富信息技术教学内容，从学科课程整合角度充实了信息技术的教学内容，倡导重视机器人在信息技术学科中的地位，正确看待智能机器人对创新精神和实践能力培养的作用，并将其落实到常规化教学中。

3. 实现中小学生创新精神和实践能力的分层发展

根据北京市中学的不同情况，研究在不同学段开展不同的机器人学习方式。通过低年级的科技兴趣小组，将其发展到信息技术课程的必修模块学

习，并可延伸至高年级学生自主参与的机器人创新实践活动，实现学生的信息技术素养，尤其是创新精神和实践能力的分层发展。

4. 创建机器人的立体化教学环境，提供师生共同学习与发展空间

协助多所学校，通过编写机器人教学讲义、教材，制作教学网站、研究性学习网站，组织机器人活动小组或者竞赛等交流活动，创建机器人立体化教学环境。

二　创新点

1. 探索出高等师范院校与基层学校在教学科研上的有效合作模式

通过高等师范院校内师范生培养、与基层学校联合开展多种实践活动、

第三届北京市基础教育教学成果二等奖——利用机器人教学实现中学生创新精神和实践能力分层发展的研究

（成果第一完成人：吴敏华）

组织大型教学交流活动、不间断有重点地开展教学研究讨论等方式，探索出双方有效合作模式。

2. 丰富和完善了信息技术学科教学体系

本成果针对信息技术学科教学体系中计算机载体过于偏重，未能充分重视机器人在感测技术、控制技术等方面的价值，以及在中学普及机器人教学存在的误区，从理论和实践角度给出解决方案及学校实例。

3. 提出了利用机器人教学实现创新精神和实践能力的分层发展培养方案

本研究通过兴趣小组的熏陶、必修课程的普及教学、科技活动的个性化提升来实现各学段学生创新精神和实践能力的分层发展。

项目组合影

三　应用情况

1. 搭建北京市机器人教学科研交流的良性平台

以首都师范大学信息工程学院为主，联合北京市信息技术学科教研部门、各中小学共同参与的机器人大型活动渐成品牌。

2. 对于师范院校来说，师范生培养方案得以完善，学生能力得以提升

第一，完善了专业人才的培养方案：为更好地开展机器人教学，进一步加强了信息类师范生专业技能的培养与训练。

第二，带动师范专业建设。

● "电路原理"2008年被评为国家级精品课程，"面向对象程序设计"和"智能信息获取技术"2008年被评为北京市精品课程。

● "电路仿真与实验教程"2008年被评为北京市精品教材，"嵌入式微处理器体系结构及汇编程序设计"等教材获批2007年北京市精

　　品教材立项。

- "强化技能训练，提高信息类师范生培养质量"获 2008 年北京市教育教学成果二等奖（高等教育）。
- 计算机科学与技术（师范）专业成为市级特色专业。

第三，师范生创新能力和教学技能得到提高。

3. 对于基层学校来说，教师和学生均获得成长

首先，中学生的创新思维和实践能力得到全面化、个性化发展；其次，教师专业能力得以提升，从"熟练型"教师步入"专家型"教师。

"真情境、小问题、高观点"循环模式的小学教师培训课程的实践研究

郜舒竹 俞 劼 崔增亮 周 琳 舒 京

一 成果主要内容

1. 小学教师培训课程目标

国家教育部于 2011 年 12 月 12 日在官方网站上公布了《中国教师专业标准》，其中的"小学教师专业标准"中将小学教师素质界定为三个维度，即专业理念与师德、专业知识与理解和专业能力与实践。在此基础上，结合对小学教育教学实践的研究，我们将"真情境、小问题、高观点"模式的小学教师培训课程目标定位于："一德、二懂、三力"。

其中的"一德"指的是树立"育人为本"的理念。作为课程设计的核心价值观，"育人为本"的理念应当贯穿于课程的各个方面。所谓"二懂"指的是"懂知识、懂学生"，其中的"懂知识"特指小学教师所教学科的知识，"懂"包括三个层次，第一层次是"正确性"，第二层次是解释性，第三层次是关联性；"懂学生"包括懂小学儿童的生理和心理两个方面，特别是在学科知识的教学中认识小学儿童的学习规律。"三力"指的是教育教学过程中能够亲近学生的"亲和力"、遇到实际问题的"解释力"以及解决问题的"判断力"。

第四届北京市基础教育教学成果二等奖——"真情境、小问题、高观点"模式的小学教师培训课程的实践研究

（项目组应用成果培训小学教师）

"一德、二懂、三力"并非相互独立的三个方面，而是在教育教学实践中有着相互依赖与制约的关系。本着"育人为本"的理念尊重学生的错误；从"懂知识"的角度相信学生错误的背后会含有知识方面的合理因素并给予肯定；从"懂学生"的角度挖掘错误背后隐藏着的小学儿童的思维规律；从能力的角度能够科学、合理地解释错误的合理性，并对今后的教育教学行为做出正确的判断，将学生的错误变为自身的教学资源。

2. 小学教师培训课程内容框架

鉴于课程目标这样的关联关系，课程内容的设计应当遵循从教育教学的"真情境"中提取需要回答或解决的"小问题"，进而通过问题的回答和解决提炼出相关的理论，再通过实践检验进行修正与完善。体现的是"真情境、小问题、高观点"的一种循环模式。

综上所述，我们把划分培训课程内容的标准定位于教师教学行为、学生学习行为及其作品、教科书中的问题、师生交流行为、教师知识的理解以及学生学习规律。这六个方面构成了"真情境、小问题、高观点"模式的小学教师培训课程的内容框架。

二 创新点

（1）小学教师培训指导思想：德育为先，能力为重，实践取向，贴近学科。

（2）小学教师培训课程目标："一德"，"二懂"，"三力"。即树立"育人为本"的教育理念；追求所教学科知识理解的正确性、解释性和关联性；形成能够感染学生的亲和力，面对教育教学现实情境的解释力，依据解释对今后工作改进的判断力。

（3）小学教师培训课程内容：源于小学教育教学实践的"真情境"，提出与真情境紧密相关的"小问题"，通过小问题的分析与解决形成"高观点"，将"高观点"应用于更多的"真情境"。

三 应用情况

"真情境、小问题、高观点"模式的小学教师培训课程应用于以下项目：

（1）2009年"国家教育部培训者培训项目"；

（2）2009年、2010年、2012年"北京市市级骨干/学科带头人（小学数学、小学语文、小学科学、小学音乐、品德与社会）培训项目"；

（3）多项区县级以及校本培训项目；

（4）《人民教育》于2009年开辟专栏，《教学月刊》于2011年开辟专栏；

（5）在美国纽约州立大学作"真情境、小问题、高观点"学术报告。

基于 CRS 的网络课录案例支持区域中小学教师教育模式研究

焦宝聪　方海光　樊　磊　王海燕　王德胜

一　成果主要内容

《国家中长期教育改革和发展规划纲要（2010~2020 年）》指出，要推进义务教育均衡发展。而在我国教育水平相对落后的偏远地区甚至北京市的一些区县，优秀教师资源相对匮乏，这直接阻碍了基础教育的均衡化发展。

因此，我们提出了以数字化网络手段促进各学校教师教学实践能力的成长为目标，旨在充分利用信息技术手段，共享优质网络教学资源和专家资源以推进教育资源尤其是优秀教师资源的均衡化发展。在进行了深入细致的调查分析后，以"学科专家通过网络点评教师课堂实录的方式"为切入点着手研究，在已有试点研究基础上，提出了由"网络专家引领式的促进教师职业能力提高"的方式。开发了"基础教育课程点评系统"，简称 CRS。

二 创新点

（1）促进区域教师资源的均衡发展。基于专家引领构建网络教学视频案例资源，以数字化形式指导教师的教学实践，最终促进区域教育资源走向均衡化。

（2）提出教师职业培训多样化的可操作模式。针对不同层次、不同学科的教师的不同需求，广泛利用专家经验为各年级、各学科的教师提供多样化指导，缩短教师成长的周期。

（3）突破传统教师培训模式专家资源匮乏的瓶颈，大范围提供专家指导。通过网络支持系统，各类专家可以进行异地、异步点评流媒体课例。除本身获得直接点评的教师，其他教师也可以参照专家的反馈信息对自己的教学过程进行反思，或者运用网络支持系统与专家进行远程视频互动交流，从而获得更好的专家指导。

第四届北京市基础教育教学成果二等奖——基于 CRS 的网络课录案例支持区域中小学教师教育模式研究

（成果第一完成人：焦宝聪）

（4）强化学科课堂实录的针对性和实用性。给众多教师提供系统、完整、基于真实课堂的教学案例和带有专家点评的网络流媒体资源，以满足不同需求。

三 应用情况

（1）教师教学实践能力的显著提升。本研究成果广泛应用于北京市顺义区、延庆县、密云县、房山区四区县，该系统及其模式得到了中小学教师的充分肯定，认为本系统使他们跨越时空的界限得到个性化的指导和专家引领。

（2）成果具有很强的可移植性。本研究成果具有很强的可移植性，对于促进国内其他偏远省市和地区的中小学教师教育教学能力的提高具有很强的借鉴价值。

（3）网络课程案例资源库的可持续性发展建设。在教学视频案例资源的采集、加工、共享方面，在专家资源的获取和管理方面，在系统的建设应用方面等都形成了成熟的、具有一定推广性的模式。

（4）网络优化专家引领的服务机制的形成。专家对课程的点评为一线教学中容易出现的关键问题提供了解决方案，从教学教法上结合教学案例对学习者进行指导。

（5）常态课案例聚焦一线课堂的实践性取向的形成。本系统是通过现实

项目负责人与学科指导专家研讨

教学案例帮助教师获得亲身体验。

（6）对基地校教学资源的改善。历时三年，项目组目前已经将网络点评系统应用于顺义区、延庆县、密云县、房山区等四个郊区县的大批学校中。

（7）应用创新模式产生了广泛影响。本研究组组织召开了一系列相关的国际和国内会议及研讨活动15次，发表论文60余篇，取得软件著作权3项；在国际会议上做相关主题报告20多次；获得各种奖项20余项，多家媒体对相关专家和研究活动进行了报道；与教育部和科技部建立了项目合作和推广关系。

创建大学与小学合作共进机制，促进农村小学自主发展

刘　慧　邓艳红　徐　燕　崔志江　邹方程

一　成果主要内容

（1）形成了大学与小学合作共进的基本理念。以先进的教育理念引导小学，以初等教育理论服务小学，积极促进小学教师的观念、思维与行为方式的改变及自主发展意识与能力的增强。

（2）创建了大学与小学合作共进的机制。概括为"愿景相同、情感相融、课题领衔、行动改进"。

（3）探索了促进小学自主发展的"三部曲"，形成了多个有效培训模式。①小学管理干部培训，重点是"播种"先进教育理念；②小学特色培育，重点"培育"学校特色文化；③优质小学建设，以小学办学理念与追求为主线，全方位推进教育教学改革。形成了"课题领衔－行动研究"培训模式、生命叙事培训模式、积极心理学取向的课堂心理引导培训模式、"教研训"三位一体培训模式。

（4）研制了经实践检验行之有效的多层次培训方案。即小学教学管理干

第四届北京市基础教育教学成果二等奖——创建大学与小学
合作共进机制，促进农村小学自主发展（项目组合影）

部培训方案、小学教学管理干部高级研修方案、小学特色建设方案、优质小学建设方案。

（5）产出了基于小学实践的小学教育理论。大学教师走进小学，在项目研究过程中，形成了有关小学教育的理论。

二　创新点

（1）理论创新。自主发展是小学可持续发展的根本所在，是大学与小学合作共进的核心。打造优秀教师团队是小学自主发展的关键，构建基于小学实践的小学教育理论服务是促进小学自主发展的保障。

（2）机制创新。基于合作共进、促进自主发展的理念，区县教育行政部门给予了制度保障，同时，大学提供专业支持，创建了促进小学自主发展的机制。

（3）模式创新。形成了"课题领衔—行动研究"、生命叙事等多个有效培训模式。

（4）产出小学教育与小学教师教育理论。如小学德育实践、小学班级管理、积极心理学取向的课堂心理引导等。

三　应用情况

（一）实践促进

（1）个体：观念更新、能力提升、行动改进。顺义小学管理干部研修班结业后的问卷调查显示：学员认为"理论讲座"非常有帮助的占75%，认为对"工作实践"非常有帮助的占70%。

（2）学校：凝聚增强、和谐向上、全面育人。赵全营小学自2009年开始将生命教育理念作为学校特色建设的核心，2010年10月15日正式成立了"生命教育研修班"。

（3）项目团队：沟通加强、互惠共进、整体提升；小学校之间的交流、合作。通过来自不同学校学员组成的课题小组近一年的研究以及其他各种研讨式活动，不仅增加了学员之间的互动交流，也增近了小学校间的互访与合作关系。

荣誉证书

刘慧　邓艳红　徐燕　崔志江　邹方程：

创建大学与小学合作共赢机制，促进农村小学自主发展，获第四届北京市基础教育教学成果奖二等奖。

二〇一三年九月

教学成果奖荣誉证书

小学与大学、小学教师与大学教师的持续联系。长期以来，首都师范大学初等教育学院与区县农村小学之间、小学教师与大学教师之间建立了深厚的友谊。

大学各学科教师间的取长补短。初等教育

学院多学科教师在项目的"团队作战"中取长补短、经验共享。

（二）成果辐射

（1）赵全营小学的"生命教育的历程"在《中小学校长》2012年4月有特别报道，其"生命教育经验"曾在第七届中华青少年生命教育论坛上作大会发言。

（2）东风小学的"阳光课堂体验快乐"在北京市"减轻学生过重课业负担，促进学生健康发展"工作启动大会、顺义区2011年教学工作总结大会中分别作了介绍。

（3）高校教师的理论成果如《小学德育实践》《小学班级管理》《积极心理学取向的课堂心理引导》成为全国高师小学教育专业本科生教学用书和小学教师培训用书。

基于教学质量提升的区域教育均衡发展与伙伴协作研究

刘新成　苏尚锋　张景斌　杨　光

一　成果主要内容

第四届北京市基础教育教学成果二等奖——基于教学质量提升的区域教育均衡发展与伙伴协作研究
（成果第一完成人：刘新成）

（1）在理论研究上，紧扣教育教学质量的核心问题，深入研究基础教育均衡发展的实质内涵。追溯基础教育均衡发展的理念渊源，构建统一的理解框架和层次化结构。

（2）在政策应用上，参与规划制定以教学质量为核心构建区域基础教育均衡发展的评价指标。

（3）在平台建设上，建立大学与区域、中小学伙伴协作共同体，加强学习、研究与互动协作。搭建"区域基础教育伙伴协作联席会议"等活动平台，坚持理论与实践对话、教育工作者与专家对话，激发反身性实践意识，理性地

项目负责人参加我校与平谷区人民政府区域教育合作项目启动仪式

认识区域基础教育均衡发展的规律及表现。

（4）在推进策略上，发挥团队协同优势，坚持教师专业发展与学校组织建设两条主线的同步推进。

（5）在价值追求上，坚持伙伴协作的实践导向，坚持理论与实践的统一，在实践中进行原创性的研究。大学人员与教育管理者、中小学教师一起，研究学生学习行为，开展促进教育均衡发展的行动研究。

二　创新点

（1）理论创新：构建基础教育均衡发展的阐释结构，探寻其本质特征；将教育教学质量纳入区域教育均衡发展的评价指标体系；揭示区域基础教育均衡发展的内在驱动因素和外在推动因素及其相互关系和运作机制，提出区域教育质量均衡的可行策略。

（2）模式创新：通过大学与区域伙伴协作，将区域教育宏观视域与课堂教学微观视角、学校改进与教师发展有机结合，增进教学资源的生成与整合，开创了促进区域基础教育均衡发展的新型模式。

（3）方法创新：采用行动研究的基本方法，不仅有利于区域教育的理论创新，也有助于直接促成区域基础教育均衡发展的实践创新。

（4）文化创新：大学与区域的相互学习、研讨、对话与协商，促进双方组织文化的变革和区域教育研究共同体学习文化和多学科、多部门的协同创新文化的形成。

三　应用情况

（1）理论建设产生了广泛的社会影响。近年来，本项目共发表学术论文30余篇，其中两篇被《新华文摘》全文转载；出版学术著作十余部，主办

项目负责人参加我校与延庆县人民政府区域教育合作项目启动仪式

了"全国区域基础教育均衡发展理论与实践研讨会"。除北京市伙伴协作的区县外，广西临桂县、河北枣强县也参与到首都师范大学伙伴协作推进区域基础教育均衡发展的共同体中，江苏省南京六合区、浙江省杭州江干区等地教育局也专门组织活动学习本项目的理论成果。

（2）项目取得重要突破，获得国家级奖励表彰。核心成果之一在 2011 年获得全国教育科学研究优秀成果二等奖，其他相关成果获得国家和北京市教学奖一等奖两项。

（3）形成长效机制，受益面涵盖与我校建立伙伴协作关系的 12 个区县。本项目共与区县政府签约开展项目合作 14 项，进入区县、中小学校开展教育教学调研 30 余次，伙伴协作开展改进工作学校 23 所，开办各级各类教师专业研修班 349 个，培训教师 12245 人，建立导师关系，深入课堂观摩研讨活动 60 余次。

（4）推进课程改革与教学实验，成绩喜人。为了与区域基础教育教学改革实践更紧密地结合，本项目持续跟进北京市基础教育教学的热点、难点问题，先后参与高中课程改革、拔尖创新人才的早期培养、特色学校建设等重要工作，编撰并出版"首都基础教育发展年度报告"5 部。

《物理课程标准》科学方法：
理论探索与实践研究

邢红军　陈清梅　李正福　肖　骁　赵维和

一　成果主要内容

（1）基于心理学理论，首次从理论上解决了科学方法教育悬而未决的分类问题，以此为突破口，建立了物理科学方法教育内容显化的原则——对应原则和归纳原则，从而显化初中《物理课程标准》中获得知识的科学方法8种，应用知识的科学方法13种；高中《物理课程标准》中获得知识的科学方法16种，应用知识的科学方法35种，从而为落实基础教育课程改革"过程与方法"目标做了填补空白的工作。

（2）发展出了原始物理问题教学的理论，使得物理教育能够从"题海战术"中走出来，进入素质教育的新阶段。

（3）建构了科学方法教育的显化理论，提出了科学方法的显化教育方式。

（4）在整个研究过程中，获得了一系列的理论成果：共发表期刊论文40篇，其中权威核心期刊7篇，硕士、博士学位论文18篇；培养硕士研究生 10 名，其中 1 人考取博士；培养中学物理教师获得教育硕士学位 7 人；申报获得批准实施关于物理科学方法教育方面的北京市教委人文社科项目 1 项、北京市教育科学"十一五"规划教育科学重点课题 1 项，全国教育科学"十二五"规划教育部重点课题 1 项。

二　创新点

（1）理论创新：基于生态学理论，提出了原始物理问题教学理论。这一理论的提出，使我们能够直接与物理现象相接触，让我们得以面对原汁原味的物理现象进行教学。

（2）方法创新：借助于开发的测验工具进行了规范的心理学研究，采用 AMOS4.01 软件对数据进行结构方程模型分析，首次通过心理学的实证研究

第四届北京市基础教育教学成果二等奖——《物理课程标准》科学方法：理论探索与实践研究

（成果第一完成人：邢红军）

发现了物理知识、物理方法、思维方法（思维品质）之间的交互关系。

（3）内容创新：基于理论创新与方法创新，显化了多种初中、高中物理科学方法的教育内容，填补了《物理课程标准》在"过程与方法"维度上的空白。

（4）实践创新：在科学方法的教育途径方面，提出了"显化"教育的观点，发展出了原始物理问题教学这一创新的科学方法教育方式。

（5）培养创新：探索了理论研究、教学实践、人才培养三方互动的基础教育研究模式，获得了丰厚效益。

三　应用情况

（1）基于理论研究成果，分别在首都师范大学附属中学、北京市九中、北京十二中等多所初高中进行实践研究，结果表明，科学方法显化理论、运用原始物理问题教学方式促进科学方法教育都具有明显的效果。

（2）基于科学方法教育内容的理论研究成果，邢红军受人民教育出版社物理室主任彭前程编审委托，审查了2011版全日制义务教育物理新教材的编写情况。

（3）我们的工作在国内中学物理一线教师与高校物理教育研究者中都产生了广泛影响。通过"中国知网"查询，我们发表的权威核心期刊文章，平均被下载317次，国内2008年8月至2012年7月完成的科学方法研究的硕士、博士学位论文引用我们的成果达19篇（次）之多，中学物理教学核心期刊引用我们的工作达9次。

（4）本研究的相关成果已经引起教育部领导的高度关注。邢红军基于科学方法教育和原始物理问题教学撰写了《中国基础教育课程改革：方向迷失的危险之旅》系列论文，教育部副部长刘利民拿到系列论文后，专门把教育部相关从事课改研究的研究人员召集起来，逐段逐段的研究、学习与研读。

创新教师培训模式，打造京郊农村骨干教师队伍

张彬福　刘晓玫　卢慕稚　王海燕

一　成果主要内容

本项目针对农村骨干教师的特征，经过 5 年多的研究、实践、探索，总结提炼出适于农村骨干教师培训的"3-3-3-2 模式"。所谓"3-3-3-2 模式"，即以 3 个"善于"为目标、以 3 个模块为主体课程、以 3 个"结合"为基本方式、以"双关注"为培训效果考量的促进农村骨干教师专业化发展的培训模式。

（1）"善于教学，善于研究，善于引领"的目标，全方位地描述了骨干教师培训的目标维度，充分体现了农村骨干教师培训的独特性。

（2）"理论学习、教学实践与教育科研"3 个模块，下设 4 个专题，即理论学习、教学研究、论文撰写、课题研究，基本满足骨干教师专业化持续发展的需要。

（3）"必修与选修相结合，集中学习、导师指导与学员自学相结合，培训与引领展示相结合"的培训方式，提供了较大的自主空间和选择空间，对

缓解工学矛盾起到了重要作用。

（4）对"显性"和"隐性"考量的关注，引导培训以"解决真实问题"为驱动力，以着眼营造"学习场"来吸引学员，达到学员将培训作为自己一种"乐而为之"的效果，最终发生超越自我的变化。

二　创新点

1. 培训设计着眼点的创新

本项目依据农村骨干教师特征，从农村骨干教师培训目标出发，在培训设计上着重考虑并注意如何"激活"学员专业持续发展的动力和作为骨干教师的引领自觉。另外，在学习过程中，帮助他们为获得更高一级的荣誉称号或晋升正高级职称做物化成果的准备。

第四届北京市基础教育教学成果二等奖——创新教师培训模式，打造京郊农村骨干教师队伍

（项目负责人走进区县）

项目负责人参加课后研讨活动

2. 培训目标的创新

提出了"善于教学，善于研究，善于引领"三维度培训目标，关注到农村骨干教师自有的特质和应承担的责任，使骨干教师参与培训的过程既是自身进修的过程，也是发挥作用的过程，而且在这个过程中进一步获得学习。

3. 培训方式的创新

①搭建课堂教学展示平台，以上好"这节课"为载体，研究教学，展示农村骨干教师教育理念和教学方法；②重视真正意义上的"读书活动"，专书阅读使这些农村骨干教师能够静下心来"啃"一本理论著作。

4. 培训效果考量的创新

本项目考量各学科的培训效果，在完成必要的"硬指标"以外，还特别关注学员学习过程中的精神状态。

三　应用情况

（1）"3-3-3-2模式"正在各类农村骨干教师培训中产生影响，形成优化效应。

例如，本项目与顺义区合作培训顺义区级骨干教师，一共有17位学员；经过培训，一年后，6人被评为市级学科带头人，9人被评为市级骨干教师。

（2）学习方式激活了学员引领的自觉，培训的辐射效应逐渐出现。

本项目的"专书阅读"方式深受学员欢迎，为学校开展读书活动提供了可借鉴的模式。

（3）学员的教学研究意识正在成为自觉，一批学员开始将自己的教学思考记录下来。

用研究的眼光看待教学过程，着眼于研究自己教学班级的"微课题"，以解决课堂教学面对的问题。

（4）启发了工学矛盾缓解策略的探索。

必修课选修课的设置，为学员提供了更加自主的培训空间和时间；交流展示平台的设计，为他们增强自信、获得荣誉提供了帮助；导师制使学员获得了思想、实践的及时有效指导；组织管理安排，使学员的集中学习活动生动有效。

（5）借助同课异构、交流展示活动推动校际之间教学研究的开展，形成"滚雪球效应"。

中等职业教育教学成果奖

基于幼儿教师专业能力培养的
实践课程模式构建

张　征　赵丽丽　张小娟　焦万如　刘晓晔

一　成果主要内容

针对首都学前教育发展对幼儿教师专业能力的高要求和我校"培养符合社会需求的具有较强实践能力的幼儿教师"的人才定位，自 2008 年，学校着力构建实践课程，打造基于幼儿教师专业能力培养的实践课程模式，并在近 5 年的实践中取得了显著成效。

（1）构建并实施了"以培养学生专业能力为主线，集基础性、层次性、系统性于一体"的实践课程体系。该课程体系具有"立足培养目标，突出核心能力"的特点。

（2）构建并实施了"以学生为主体，理论课程与实践课程、校内实践与校外实践、常规实践与个性化发展相结合"的实践模式。

（3）提出并建立了"共建共研共发展"园校联动机制。与北京市 30 多所"双一"幼儿园建立紧密联系，有效实现了"园校"之间的联动与协同发展，充分发挥双方优质教育资源的有效性。

二　创新点

1. 教学理念创新

秉持"全实践"的理念，新生入学起就接触幼儿园教学实际，每学期不间断持续到毕业，各科课程全部贯穿实践这条线。

在大课程观指导之下，把教育实习、见习、模拟教学、技能训练、能力测查、专家讲座、实习班会等纳入实践课程体系之内，围绕专业能力这一主要任务，整体规划、逐步推进。

2. 教学体系创新

提出并实施了"以培养学生教育实践能力主线，集基础性、层次性、系统性于一体"的实践课程教学体系。该课程体系具有"立足培养目标，突出幼教背景，彰显与时俱进，激励自主探索"等四个特点。

3. 教学模式创新

提出并实施了"以学生为主体，面向问题，实现常规教学与个性化发展、理论课程与实践课程、校内实训与校外实训相结合"的三结合实践教学模式。

第一届北京市中等职业教育教学成果二等奖——基于幼儿教师专业能力培养的实践课程模式构建

［成果第一完成人：张　征（左）］

4. 实现方式创新

① 专业教师为核心、全员幼教化的实习指导模式；

② 协同发展的实践基地运作方式；

③ 完善的学生成绩

考核方式；

④ 为学生建立实践课程档案。

三　应用效果

1. 培养了符合幼儿园岗位需求的幼儿教师

进阶式实践课程方案通过为期四年的应用与完善，对北京市幼儿师范学校教育质量具有明显的促进作用。学生职业意识和教育能力明显提高，受到了用人单位的普遍好评。

2. 进阶式实践课程模式具有推广和应用价值

因学制与课程更为相似，因此进阶式实践课程模式对于幼儿教育中等师范学校和职业院校尤其具有借鉴意义。

3. 形成了"学校"与"园所"的协同发展模式

以实践课程建设为纽带，在进阶式实践课程设计与逐步完善的过程中，师范教育学校与幼儿园之间通力合作，以提升幼儿教师队伍的整体素质为共

张征与丰台一幼教学园长合影

劲松二幼活动后合影

同目标,资源共享,相互促进,形成了良好的协同发展模式。

4.有效促进了幼儿师范院校教师的幼教化

幼儿师范教育院校的教师队伍构成较为多元,除本身为幼儿教育专业的专业教师以外,还有大量的基础学科教师、音体美等技能学科教师——这些教师本身并不具备幼儿教育专业背景。针对这一问题,在实践课程模式构建的过程中,首次尝试了让非幼儿教育专业教师实习指导教师直接进入幼儿园与学生共同观摩,逐步深化对幼儿园教育实践的认识和理解;同时每学期请幼儿教育专业教师对实习指导教师进行实习指导培训,逐步深化非幼儿教育专业教师的幼儿教育意识,最终提升了幼儿师范教育的质量。

附录：首都师范大学历年来荣获省部级以上各类教学成果奖名录

首都师范大学获国家级教学成果奖一览

序号	成果名称	获奖等级	完成人员			获奖单位	获奖年份
1	物理教育系列课程	国家级二等奖	乔际平	张大昌	绫佩君	物理系	1993 年
2	以新的理论建立"高师数学分析"课程题库促进教学评估的开展和教学质量的提高	国家级二等奖	范秋君			数学系	1993 年
3	高师开设性健康课的探索与实践	国家级一等奖	高得伟 曹绛雯	吴群英 刘晓晴	张玫玫	生物系	1997 年
4	高师中文系中国古代文学课程体系改革方案	国家级二等奖	赵敏俐 左东岭	鲁洪生	吴相洲	中文系	2001 年
5	小学教育专业本科人才培养模式的理论研究与实践探索	国家级二等奖	王万良 叶宝生	王智秋 王云峰	周惠玲	初等教育学院	2005 年
6	历史学科网络资源（素材）库建设与应用*	国家级二等奖	刘新成			历史系	2005 年

续表

序号	成果名称	获奖等级	完成人员			获奖单位	获奖年份
7	整体构建多层面中国古代文学史系列教材 *	国家级二等奖	段启明			文学院	2005 年
8	创设合作共同体，构建实践取向的教师教育模式	国家级一等奖	刘新成　孟繁华　宁虹康丽颖　张景斌			教育学院	2009 年
9	直面我国基础教育实践，推进小学教师教育的改革与发展	国家级二等奖	王万良　叶宝生　邰舒竹高宝英　陈惠国			初等教育学院	2009 年
10	高师院校语言类课程体系改革与建设	国家级二等奖	周建设　黄天树　张云秋邹立志　汪大昌			文学院	2009 年
11	精品课程建设的理念创新与团队建设	国家级二等奖	徐蓝　齐世荣　刘新成赵军秀　梁占军			历史学院	2009 年
12	学科资源的整合优化与文学理论精品课程建设	国家级二等奖	陶东风　王德胜　邱运华陶礼天			文学院	2009 年
13	地理学实验教学体系与人才培养模式的改革实践	国家级二等奖	宫辉力　刘先林　李小娟赵文吉　罗辉			资源环境与旅游学院	2009 年

＊表示我校教授参与其他高校牵头的合作项目。

首都师范大学获北京市教育教学成果奖一览

序号	成果名称	获奖等级	完成人员		获奖单位	获奖年份
1	高师中期教育实践的设计与试验	市级	饶杰腾　刘壮		中文系	1989 年
2	高师数学专业高等代数课的教改和课程建设	市级	田孝贵		数学系	1989 年
3	培养研究生的几点做法	局级	齐世荣		历史系	1989 年

续表

序号	成果名称	获奖等级	完成人员	获奖单位	获奖年份
4	开设《当代世界政治经济与国际关系》新课的工作总结	局级	王朝文	管理系	1989 年
5	英语泛读课教学改革体会	局级	刘北利　王　伟	英语系	1989 年
6	遗传学课程建设的总结	局级	郭平仲　张金栋　康克强	生物系	1989 年
7	强化教育实践，培养合格中等学校音乐教师	局级	曹　理　张安生　陆福通	音乐系	1989 年
8	"汉字概论"课的计算机辅助教学	市级一等奖	刘庆俄　刘胜利　贺丰江　吴敏华	中文系	1993 年
9	资本论与国际性资本主义经济制度	市级一等奖	郭寿玉	两课部	1993 年
10	坚持搞好课程建设，不断提高数学管理水平	市级一等奖	沈孝本　佟庆伟　王玉华　张红野　黄建平	教务处	1993 年
11	"数学科普学"的开设与教学	市级一等奖	李毓佩	数学（分部）	1993 年
12	研究生"马克思主义经典著作选读"课	市级二等奖	宁　可　杨生民　翁俊雄　蒋福亚	历史系	1993 年
13	艺用人体造型结构	市级二等奖	贾彤福	美术系	1993 年
14	植物生理学教学改革课程建设	市级二等奖	邱泽生　赵微平　丁以姗　黄勤妮　张承谦	生物系	1993 年
15	文言教材难句研究课	市级二等奖	赵丕杰	中文（分部）	1993 年

续表

序号	成果名称	获奖等级	完成人员			获奖单位	获奖年份
16	在高师化学系开展微型化学实验教学研究	市级二等奖	陈康叔 汪毓海 裴学勤 张 伟 杨宇红			化学（分部）	1993年
17	以英语专业四级考试为动力，提高基础阶段学生的语言水平	市级二等奖	崔素芳			外师	1993年
18	多媒体技术在汉字教学中的初步应用	市级一等奖	刘庆俄 贺聿江 刘京锐 吴敏华 彭 岩			中文系	1997年
19	用微格教学方法培训师范生教学技能的研究与实践	市级一等奖	郭 友 张景斌 王云峰 兰 维 苑凤仙			跨系	1997年
20	班主任工作和数学教学中教书育人的实践	市级二等奖	崔一敏			数学系	1997年
21	北京史课程建设与改革	市级二等奖	李淑兰			历史系	1997年
22	发挥物理学史的教育功能，推进物理教学改革	市级二等奖	申先甲			物理系	1997年
23	高师数学教育专业几何课程教学内容和体系改革的研究与实践	市级二等奖	郑崇友 王汇淳 侯忠义 王智秋			数学系	1997年
24	高师《高等数学与初等数学结合专题研究》课程的创设与实践	市级二等奖	都长清 田孝贵 范秋君 周祖逵			数学系	1997年
25	语言专业开设构词课的必要性——德语构词课的教学实践与效果	市级二等奖	郑惠卿			外国语学院	1997年
26	高师中文系中国古代文学课程体系改革方案	市级一等奖	赵敏俐 鲁洪生 吴相洲 左东岭			中文系	2001年
27	培养本、专科学历小学教师教育教学方案的研究与实践	市级一等奖	王万良 王智秋 刘树信 周惠玲 卢 冰			初等教育学院	2001年

续表

序号	成果名称	获奖等级	完成人员	获奖单位	获奖年份
28	电脑美术教学研究——设计手段现代化教学建设	市级一等奖	贾彤福	高等美术教育中心	2001 年
29	高师数学专业面向 21 世纪教学内容与课程体系的改革	市级一等奖	卢才辉　王智秋　郑崇友　李庆忠　焦宝聪	数学系	2001 年
30	北京史教学体系的优化及教学方法的改革	市级二等奖	郗志群　宋卫忠　李维明　于丽萍	历史系	2001 年
31	计算机及网络学习支撑环境的研究与实践	市级二等奖	王陆　董乐　杨卉　李亚文　冯涛	计算机	2001 年
32	改革教学法课程，提高跨世纪教师的素质	市级二等奖	杨善禄　毕晓白　郭友　槐鹤玲	生物系	2001 年
33	加强结构化学课程建设，提高师范生综合素质	市级二等奖	金增瑗　鲁晓明　萧岭梅　屈尔宁　刘顺成	化学系	2001 年
34	小学教育本科专业人才培养模式的理论研究与实践探索	市级一等奖	王万良　王智秋　周惠玲　叶宝生　王云峰	初等教育学院	2004 年
35	高等学校四结合心理素质培养模式的研究与实践	市级一等奖	蔺桂瑞　杨学　钟谷兰　烟青　田国秀	心理中心	2004 年
36	建设教师发展学校，促进教师教育一体化研究	市级一等奖	宁虹　康丽颖　丁邦平　刘秀江　张菁	教育学院	2004 年
37	普通心理学（教材）*	市级一等奖	郭德俊　等	教育学院	2004 年
38	网络环境下学习共同体培养模式的研究与应用	市级二等奖	王陆　杨卉　冯红　艾伦　董乐	教育技术系	2004 年
39	建立多媒体网络辅助教学运行机制，推动高校教育信息化建设应用	市级二等奖	沈孝本　胡迎宾　佟庆伟　李灵　罗辉	数字中心、教务处	2004 年

成就辉煌
——首都师范大学历届优秀教学成果集萃

序号	成果名称	获奖等级	完成人员			获奖单位	获奖年份
40	《北京旅游》网络课堂	市级二等奖	刘洪利			资源环境与旅游学院	2004年
41	"生物科学与技术"专业 2.5＋1.5 人才培养模式的探索与实践	市级二等奖	何奕騄　吴群英　颜忠诚 范 黎　张晓芳			生命科学学院	2004年
42	近世代数课程内容体系的改革（教材）	市级二等奖	石生明			数学系	2004年
43	中国古代文学史电子史料库	市级二等奖	赵敏俐　尹小林　刘 刚 钟振振　万光治			文学院	2004年
44	传统钢琴课教学改革	市级二等奖	黄瑂莹　马小红　黄 莹 周 琴　蒋 瑛			音乐学院	2004年
45	创设合作共同体，构建实践取向的教师教育模式	市级一等奖	刘新成　孟繁华　宁 虹 康丽颖　张景斌			教育学院	2008年
46	直面我国基础教育实践，推进小学教师教育的改革与发展	市级一等奖	王万良　叶宝生　郜舒竹 高宝英　陈惠国			初等教育学院	2008年
47	高师院校语言类课程体系改革与建设	市级一等奖	周建设　黄天树　张云秋 邹立志　汪大昌			文学院	2008年
48	精品课程建设的理念创新与团队建设	市级一等奖	徐 蓝　齐世荣　刘新成 赵军秀　梁占军			历史学院	2008年
49	学科资源的整合优化与文学理论精品课程建设	市级一等奖	陶东风　王德胜　邱运华 陶礼天			文学院	2008年
50	地理学实验教学体系与人才培养模式的改革实践	市级一等奖	宫辉力　刘先林　李小娟 赵文吉　罗 辉			资源环境与旅游学院	2008年
51	以教材建设为核心，推动数学专业基础课程建设	市级一等奖	李庆忠　焦宝聪　朱一心 石生明　李 忠			数学学院	2008年

序号	成果名称	获奖等级	完成人员			获奖单位	获奖年份
52	以"过程控制、多方参与"为模式，构建动态化教学质量保障体系	市级一等奖	王德胜 关 永	吴敏华 李学文	张树东	教务处	2008 年
53	教学与实习平行推进模式：社会工作实务课程实践性教学平台的构建与应用	市级二等奖	田国秀 明 艳	范燕宁 周锦章	席小华	政法学院	2008 年
54	高师院校实践教学管理机制探索	市级二等奖	康丽颖 王德胜	佟庆伟 徐玉珍	宫辉力	教育科学学院	2008 年
55	比较文学专业的人才培养模式创新及实践	市级二等奖	林精华 吴康茹	易晓明 尹文涓	李冰梅	文学院	2008 年
56	中国工笔画团队建设与工笔画教学体系研究	市级二等奖	韩振刚 白 雁	孙志钧 王海滨	韦红燕	美术学院	2008 年
57	基于学生创新能力培养的化学（师范）专业实践教学体系构建与实践	市级二等奖	周荫庄 谷学新	张卓勇 马占芳	朱若华	化学系	2008 年
58	地方性师范院校生命科学本科实践教学体系的重构	市级二等奖	何奕骍 刘家熙	杨志伟 刘晓晴	范 黎	生命科学学院	2008 年
59	强化技能训练，提高信息类师范生培养质量	市级二等奖	吴敏华 徐克强	骆力明 葛庆平	朱 虹	信息工程学院	2008 年
60	深化实践教学改革，构建五层次"双师型"人才培养体系	市级二等奖	关 永 刘丽珍	吴敏华 石长地	李志平	信息工程学院	2008 年
61	新时期思想政治理论课教学体系研究	市级二等奖	李松林 刁永祚	叶险明 史桂芳	赵军华	马克思主义教育学院	2008 年
62	创建教师教育协同发展机制，全面提高师范生专业素养	一等奖	刘新成 宁 虹	孟繁华 康丽颖	张景斌	教育学院	2012 年

成就辉煌
——首都师范大学历届优秀教学成果集萃

续表

序号	成果名称	获奖等级	完成人员			获奖单位	获奖年份
63	高师院校语言学学术优势向教学优势转化的探索	一等奖	洪 波	周建设 黄天树	冯 蒸 刘贤俊	文学院	2012 年
64	多点分层、协同共享，构建"五互"型学生实践创新能力培养体系的实践	一等奖	王德胜 申玉铭	胡卓玮 赵艳红	罗 辉	教务处	2012 年
65	网络课程点评平台支持师范生教学实践能力培养的研究	一等奖	焦宝聪 王海燕	方海光 李克正	樊 磊	教育技术系、基础教育发展研究院、数学学院	2012 年
66	高师与基础音乐教育"双核心"培养模式创新研究	一等奖	周世斌 肖 萍	郑 莉 刘亚春	张玉榛	音乐学院	2012 年
67	以"发展性"评估促进内涵深化，构建可持续性专业建设机制	一等奖	宫辉力 李学文	王德胜 周雪敏	唐 霞	教务处	2012 年
68	创设资源共享型人才培养合作体，构建师范生"双能力"提升机制	一等奖	王淑芹 郭健宏	李学文 郭长彬	兰 维	政法学院、物理系、化学系	2012 年
69	创设"1+4+X"课程体系，构建实践导向的生涯教育模式	一等奖	缪劲翔 张 颢	刘 锐 祝杨军	杨艳艳	学生处	2012 年
70	双语教学、探究实验与科研实践三结合，培养具有国际视野的创新型人才	一等奖	印莉萍 何奕騀	许兴智 于 荣	李 静	生命科学学院	2012 年
71	以"质量工程"建设为契机，培养计算机师范专业高素质教育人才	一等奖	吴敏华 周丽娟	关 永 刘京锐	张伟功	信息工程学院	2012 年
72	面向首都，凸显创意——跨学科背景下文化产业人才培养模式探索	二等奖	包晓光 徐海龙	李 艳	陶东风	文学院	2012 年

210

续表

序号	成果名称	获奖等级	完成人员			获奖单位	获奖年份
73	突出专业特色，培养师德好、能力强的小学教师	二等奖	王智秋　刘　慧　方煜东 朱希建　崔增亮			初等教育学院	2012 年
74	"以提高就业竞争力"为导向的政治学与行政学专业人才培养模式探索	二等奖	聂月岩　张友国　王冠中 杨山鸽　应霄燕			政法学院	2012 年
75	基于虚拟现实技术的旅游教学系统的开发与应用	二等奖	刘洪利　李小娟　申玉铭 王茂军　邓　磊			资源环境与旅游学院	2012 年
76	软件工程专业工程化实践教学体系的构建与实施	二等奖	骆力明　周丽娟　赵春娜 袁晓红　王彦丽			信息工程学院	2012 年
77	构建以北京地域文化为特色的视觉设计教学模式及其应用平台	二等奖	李中扬　戴　红　夏　兵 曹汝平　黄　梅			美术学院	2012 年
78	《中国近现代史纲要》教学体系创新研究	二等奖	李松林　史桂芳　李雅儒 黄延敏　刘文丽			马克思主义教育学院	2012 年
79	首都基础教育骨干教师培训体系创新与实践	二等奖	周建设　张汝胜　张景斌 王尚志　尹少淳			继续教育学院	2012 年
80	创设"一体化"的培训质量保证体系，建构"双能力"取向的教育技术培训模式	二等奖	李有增　谢新水　周丙锋 吴　疆			北京高师培训中心	2012 年
81	计算机应用型人才培养的研究与实践（联合项目）*	二等奖	王锁柱			北京工商大学、中国石油大学（北京）、首都师范大学等	2012 年
82	依托学科、面向应用、服务首都的文化遗产保护与利用人才培养体系的构建*	二等奖	郗志群			北京联合大学、首都师范大学	2012 年

* 表示我校教授参与其他高校牵头的合作项目。

首都师范大学获第三届北京市基础教育教学成果奖一览

序号	成果题目	获奖等级	成果主要完成人	成果主要完成单位	获奖年份
1	大学支持初中学校群体教育质量提升的研究与实践	市级一等奖	宫辉力　王尚志　李延林　杨朝晖　孙素英	首都师范大学	2009 年
2	丰富实践取向教师专业发展理论 创建新型教师研修模式	市级一等奖	刘新成　郑开义　王海燕　张景斌　刘晓玫	首都师范大学	2009 年
3	北京市中小学生思想道德发展评价指标体系的研制与应用	市级一等奖	蓝　维　廖凤林　田国秀　陈　宁　关国珍	首都师范大学、北京市教育委员会德育处	2009 年
4	求根务本：教师发展学校的八年建设	市级一等奖	蔡　春　宁　虹　朱晓宏　刘秀江　王志扬	首都师范大学、中国教师研修网	2009 年
5	高师院校创建农村小学基地校联合体的实践研究	市级二等奖	邰舒竹　王云峰　陈惠国　孙建龙　马长燕	首都师范大学	2009 年
6	以数学教育共同体建设为依托，推动远郊区县数学教师队伍建设	市级二等奖	朱一心　连四清　方运加　张燕勤　吴建平	首都师范大学	2009 年
7	利用机器人教学实现中学生创新精神和实践能力分层发展的研究	市级二等奖	吴敏华　沙有威　杨森林　孙　众　徐克强	首都师范大学、北京景山学校、北京市中关村中学	2009 年

首都师范大学获第四届北京市基础教育教学成果奖一览

序号	成果题目	获奖等级	成果主要完成人	成果主要完成单位	获奖年份
8	"真情境、小问题、高观点"循环模式的小学教师培训课程的实践研究	市级二等奖	郜舒竹　俞　劼　崔增亮　周　琳　舒　京	初等教育学院	2012 年
9	基于 CRS 的网络课录案例支持区域中小学教师教育模式研究	市级二等奖	焦宝聪　方海光　樊　磊　王海燕　王德胜	教育技术系	2012 年
10	创建大学与小学合作共进机制，促进农村小学自主发展	市级二等奖	刘　慧　邓艳红　徐　燕　崔志江　邹方程	初等教育学院	2012 年
11	基于教学质量提升的区域教育均衡发展与伙伴协作研究	市级二等奖	刘新成　苏尚锋　张景斌　孙素英　杨　光	基础教育发展研究院	2012 年
12	《物理课程标准》科学方法：理论探索与实践	市级二等奖	邢红军　陈清梅　李正福　肖　骁　赵维和	物理系	2012 年
13	创新教师培训模式，打造京郊农村骨干教师队伍	市级二等奖	张彬福　刘晓玫　王海燕　李延林　卢慕稚	基础教育发展研究院	2012 年

首都师范大学获第一届北京市中等职业教育教学成果奖一览

序号	成果题目	获奖等级	成果主要完成人	成果主要完成单位	获奖年份
1	基于幼儿教师专业能力培养的实践课程模式构建	市级二等奖	张　征　赵丽丽　张小娟　焦万如　刘晓晔	学前教育学院	2012 年

图书在版编目(CIP)数据

成就辉煌：首都师范大学历届优秀教学成果集萃 / 首都
师范大学教务处编. —北京：社会科学文献出版社，2014.9
　ISBN 978-7-5097-6452-7

　Ⅰ.①成…　Ⅱ.①首…　Ⅲ.①首都师范大学－教学
研究－研究成果－汇编　Ⅳ.①G659.281-53

　中国版本图书馆CIP数据核字（2014）第204001号

成就辉煌
　　——首都师范大学历届优秀教学成果集萃

编　　　者 / 首都师范大学教务处

出 版 人 / 谢寿光
项目统筹 / 宋月华　杨春花
责任编辑 / 周志宽　侯培岭

出　　　版 / 社会科学文献出版社·人文分社（010）59367215
　　　　　　地址：北京市北三环中路甲29号院华龙大厦　邮编：100029
　　　　　　网址：www.ssap.com.cn
发　　　行 / 市场营销中心（010）59367081　59367090
　　　　　　读者服务中心（010）59367028
印　　　装 / 北京盛通印刷股份有限公司

规　　　格 / 开　本：787mm×1092mm 1/16
　　　　　　印　张：15　字　数：211千字
版　　　次 / 2014年9月第1版　2014年9月第1次印刷
书　　　号 / ISBN 978-7-5097-6452-7
定　　　价 / 158.00元